ここが
ポイント！

決算書の
税金科目
クイックレビュー

第**2**版

EY新日本有限責任監査法人 編

同文舘出版

はじめに

　本書は，決算書に記載された税金に関する勘定科目について，税務申告書をはじめとしたさまざまな関連情報との整合性に着目し，会計士から見たレビューポイントを紹介することで，税金計算の検証に役立てていただくことを目的として執筆しました。本書の編集および執筆に携わった者は，監査現場で多くの経験を重ねてきた公認会計士です。監査業務においては，決算書に記載された各種情報について重要な誤りがないかを検証していきますが，その視点やノウハウは，会社の決算検証実務においても応用することができると確信しています。

　決算書で取り扱われる税金は，企業活動全般に関わることから，法人税，住民税，事業税，消費税，事業所税など多岐に渡ります。税制は，経済成長の促進と財政健全化を見据えて頻繁に改正されることから，それら改正論点を適時にキャッチアップする必要があります。また，税金に関する誤った申告等による追徴税が課されることを防ぐために，税金計算を正確に実施する必要性がある一方，決算早期化の要請の高まりから，税金計算の実施とその検証にかけられる時間には制約があります。このような状況において，会社は決算業務における税金計算を与えられた時間の中で効率的に，そして誤りのないよう正確に実施することが求められています。

　本書を改訂するにあたっては，多くの実務に携わる公認会計士が，改めて自らの経験を踏まえ，最新の税制や会計基準を反映するとともに，一部の設例や言い回しを見直し，より分かりやすい書籍となるよう心掛けました。

　本書が，決算書の作成に携わる会社の実務担当者やその上司の皆様，専門家の方々に広く利用され，少しでも効果的・効率的な「税務レビュー」の一助になれば幸いです。

2023年3月

EY 新日本有限責任監査法人
執筆者一同

本書の読み方

　本書は，第1章では，決算書における税金科目の検証（税務レビュー）が必要となる背景やその手法，決算書と税金計算のつながりなどの概要を説明しています。そして第2章から第5章では，各種税金およびグループ通算制度における税務レビューについて紹介し，第6章では，税効果会計の概要を説明し，それを踏まえた税率差異分析について紹介しています。

章	内容
第1章	税務レビューの概要
第2章	法人税の税務レビュー
第3章	住民税，事業税の税務レビュー
第4章	消費税の税務レビュー
第5章	事業所税，固定資産税，源泉所得税，関税の税務レビュー
	グループ通算制度の関連科目における税務レビュー
第6章	税効果会計の概要，税率差異分析

　また，本書の特長として，税金科目をレビューするための一助となるように「チェックリスト」，「会計士 memo」，「これだけはおさえよう！」を各章に盛り込んでいます。それぞれの内容は次のとおりです。

●チェックリスト

　公認会計士が会計監査等で税金科目をレビューする際に留意している事項をもとに，事前に知っておくと効果的な情報や税務レビューのポイントをまとめました。実務で税務レビューを実施する際の一覧表として活用できます。

●会計士 memo

　税金項目に関してトピックとなっている事項や税法における制度等を紹介しています。税務レビューを行う際に留意する事項としてご利用ください。

●これだけはおさえよう！

　税金科目のレビューにあたっておさえておきたい事項を，各節の末尾にまとめとして紹介しています。各節をお読みいただいた後に復習する際や，各節の内容を最短時間で概括的に学習いただく際にご利用ください。

目　　次

第1章　概要

第2章 法人税の税務レビュー

第3章 住民税・事業税の税務レビュー

第4章　消費税の税務レビュー

第5章　その他税金の税務レビュー

会計士 memo 一覧表

凡　例

法令規則等の名称	文中略称
法人税法	法法
法人税法施行令	法令
法人税基本通達	法基通
租税特別措置法	措置法
地方税法	地法
地方税法施行規則	地法規則
地方税法の施行に関する取扱いについて（道府県税関係）	地法施行取扱い
経済社会の構造の変化に対応した税制の構築を図るための所得税法等の一部を改正する法律（平成23年法律第114号）	平成23年改正法
法人税、住民税及び事業税等に関する会計基準	法人税等会計基準
消費税の会計処理について（中間報告）	消費税会計処理
消費税法	消法
消費税法基本通達	消基通
消費税法施行令	消令
関税法	関税法
企業会計原則	原則
企業会計原則注解	原則注解
四半期財務諸表に関する会計基準	四半期会計基準
四半期財務諸表に関する会計基準の適用指針	四半期適用指針
中間財務諸表の作成基準	中間財務諸表作成基準
会計上の変更及び誤謬の訂正に関する会計基準	過年度遡及会計基準
会計上の変更及び誤謬の訂正に関する会計基準の適用指針	過年度遡及適用指針
税効果会計に係る会計基準	税効果会計基準
「税効果会計に係る会計基準」の一部改正	税効果会計基準改正
税効果会計に係る会計基準の適用指針	税効果適用指針
中間財務諸表等における税効果会計に関する適用指針	中間税効果適用指針

法令規則等の名称	文中略称
繰延税金資産の回収可能性に関する適用指針	回収可能性適用指針
グループ通算制度を適用する場合の会計処理及び開示に関する取扱い	グループ通算制度の取扱い
収益認識に関する会計基準	収益認識会計基準
役員賞与に関する会計基準	役員賞与会計基準
金融商品に関する会計基準	金融商品会計基準
棚卸資産の評価に関する会計基準	棚卸資産会計基準
固定資産の減損に係る会計基準の設定に関する意見書	減損会計基準意見書
固定資産の減損に係る会計基準	減損会計基準
減価償却に関する当面の監査上の取扱い	減価償却の取扱い
資産除去債務に関する会計基準	資産除去債務会計基準
退職給付に関する会計基準	退職給付会計基準

ここがポイント！
決算書の税金科目クイックレビュー
（第2版）

第1章　概要

　決算書で取り扱われる税金項目は，法人税，地方法人税，住民税，事業税のほか，消費税，事業所税，固定資産税，源泉税，関税など多岐にわたります。時間的な制約がある会社の決算手続において，効率よく税金計算をチェックするためには，各種の分析や重要な項目を重点的に検証すること（本書では「税務レビュー」という）が有用です。税務レビューにおける分析手法として，期間比較分析，決算書と税務申告書の整合性分析，税率差異分析，連単分析などがあります。

　本章では，決算書における税金関連科目の概要および税務レビューにおける分析手法の内容について説明します。

第1節　税金計算のチェックの必要性

1．決算書における税金の概要

　会社の税金負担がどの程度であるのかは，会社の経営者や投資家など，多くの利害関係者が注目しており，決算書における税金関連の情報は，重要性が高いと考えられます。会社に課される税金には，さまざまな税金があります。会社であれば，主に法人税，地方法人税，住民税，事業税，消費税などがあります。

　本書では，会社で一般的に生じる税金としてこれらの法人税，地方法人税，住民税，事業税，消費税のほかに，事業所税，固定資産税，源泉所得税，関税を取り扱います。また，グループ通算制度や税効果会計に関しても説明します。

(1) 法人税・住民税・事業税

　決算書において，どの税金を個別に開示するかは，業種や税額の規模等により異なりますが，「法人税，住民税及び事業税」は損益計算書において必ず個別に開示することになります。また，会社において，これら3つの税金の割合は一般的に高いことからも，これらに対する税金計算のチェックは特に重要です。したがって，本書では，第2章において法人税を，第3章において住民税および事業税を取り扱います。

(2) 消費税

　会社の事業活動における多くの取引に消費税が課されています。消費税は取引ごとに処理しなければならず，また軽減税率制度により複数税率となっ

ているため，計算ミスが生じやすいものと考えられ，消費税に関する税金計算のチェックは重要になります。本書では，第4章において消費税を取り扱います。

(3) その他の税金

　法人税，地方法人税，住民税，事業税，消費税以外にどの税金が重要であるかは，業種・業態等により異なります。一定規模以上の事業を行っている事業主であれば，事業所等の床面積や従業者の給与総額に基づき，事業所税が課されます。多くの固定資産を保有していれば，多額の固定資産税が課されます。従業員に給料や報酬などを支払うのであれば，源泉徴収制度に沿って，支払う際に所得税を差し引いて，それを納付します。また，国境を越えた事業活動を行うのであれば，輸出入取引に関税が課されます。

　その他の税金に関する税金計算のチェックとして，本書では，第5章において，事業所税，固定資産税，源泉所得税，関税，そしてグループ通算制度を適用する場合の税金計算のチェックのポイントを取り扱います。なお，税効果会計を適用する場合に，税金計算のチェックにおいてどのような点が論点となり得るのかについて，第6章で紹介します。

会計士memo　【時限立法】

　経済環境の変化や社会的要請によって，一定期間だけ税金が発生する時限立法が創設される場合があります。その場合には概要を把握し，会計上どのような影響があるか分析する必要があります（例　新型コロナウイルス感染症等の影響に対応するための国税関係法律の臨時特例に関する法律等に基づく欠損金の繰戻し還付の特例など）。

　したがって，会社が実施した税金計算をチェックする際も時限立法に基づく税金が各期の決算にどのように影響するか考慮する必要があり，また，時限措置であるため適用の前後には十分留意する必要があります。

図表1-1　本書で取り扱う税金の範囲

損益計算書　表示科目	税金	参照
法人税，住民税及び事業税	法人税	第2章
	地方法人税	
	住民税	第3章
	特別法人事業税	
	事業税	
租税公課など	消費税	第4章
	事業所税	第5章
	固定資産税	
	関税	
	源泉所得税	

貸借対照表　表示科目	税金	参照
未払法人税等（または未収還付法人税等）	法人税	第2章
	地方法人税	
	住民税	第3章
	特別法人事業税	
	事業税	
未払消費税等（または未収消費税等）	消費税	第4章
未払金　など	事業所税	第5章
	固定資産税	
	関税	
預り金　など	源泉所得税	

2．決算書における税金計算の特徴

　会計基準は，決算書の利用者が会社の経営成績や財政状態を正しく理解することを目的として設定されているのに対して，税法は業績に基づく公平な

図表1-2　会社が負担するさまざまな税金

```
                                    ┌─────────┐
                                    │  法人税  │
                                    └─────────┘
                                    ┌─────────┐
                                    │ 地方法人税 │
                                    └─────────┘
                                    ┌─────────┐
                                    │  住民税  │
          ┌─────────┐               └─────────┘
          │  決算書  │◀──────        ┌─────────┐
          └─────────┘               │  事業税  │
                                    └─────────┘
                                    ┌─────────┐
                                    │  消費税  │
                                    └─────────┘
                                    ┌─────────┐
                                    │  ○○税  │
                                    └─────────┘
```

課税を目的として設定されています。多岐にわたる税金においては，それぞれ公平な課税を達成するための詳細な規定を有しており，その中には複雑な規定もあります。

　したがって，税金計算は，各種の税金に関する規定の影響を受けることから，決算書の利益に対して多くの調整項目が存在している点が特徴です。

3．税金計算レビューの背景

　会社は，決算手続において，すべての税金計算の結果を決算書に反映させることが必要です。そして，決算書を正しく作成することを最終的に担保するためには，税金計算についても内部統制を整備・運用することになります。しかし，内部統制を適切に整備・運用する場合，税金計算は広範かつ複雑であるため，すべての税金について，その計算過程を詳細にチェックすることには多くの時間を要します。

　また近年，日本の会計基準は，国際財務報告基準（以下，「IFRS」とい

う）とのコンバージェンス（収れん）に向かっており，収益認識や金融商品の時価算定などさまざまな会計上の論点が改正され複雑化しています。その一方で，上場会社では決算早期化の要請が高まっており，決算手続にかけられる時間は短かくなっています。会社によっては，管理部門の人員縮少の傾向などと相まって，さらに決算手続業務への負荷が増大しています。

　このように時間的な制約がある一連の決算手続において，広範かつ複雑な税金計算を効率よく実施し，チェックすることが必要であり，税金担当者がよりスピーディに計算を実施し，本人または上司や同僚が勘定分析や重要な項目に絞ってレビュー・内容検証（以下，「税務レビュー」という）を実施することが，今まで以上に重要になっています。

4．税務レビューの重要ポイント

(1) 税務レビューの重要性

　税金計算のチェックを効果的に行うためには，税金担当者が実施した計算に対する本人または上司や同僚の事後的な税務レビューの存在は欠かせません。決算書の最終の作成作業として税金計算があり，前段階までの決算手続

図表 1 - 3　効率的な税務レビューの必要性

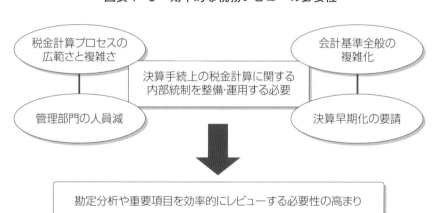

がすべて正確に行われたとしても，税金計算を誤り，結果的に誤った決算書となってしまえば，訂正報告書を提出することになります。そのため，税金計算は広範かつ複雑ではありますが，その分，会社として細心の注意を払い，十分な税務レビューを行う必要があります。

また，税金費用の誤りについて会社自らが発見し，税務上の修正申告を行う場合もあれば，税務調査の結果に基づき，修正申告を行う場合もあるでしょう。修正申告を行い，過年度の税額が増額修正される場合，延滞税や加算税などの追徴税額を納付することが求められます。正しく税務申告を実施しなかったことによるペナルティは，会社の資金の流出を招くことになりますので，その点でも税金計算を正確に実施し，それを決算手続において反映させることは重要です。

その際，追徴税額や還付税額は，過年度遡及会計基準に基づき処理されるため，当該追徴税額および還付税額の発生が，過去の誤謬に該当すると考えられる場合には，会計上，「修正再表示」を行うことになり，決算書の見直しに繋がります（過年度遡及会計基準21項）。

また，金融商品取引法上の決算書にあたる有価証券報告書では比較情報と

図表1-4　過年度遡及会計基準等の内容

誤謬の定義（過年度遡及会計基準4項(8)） 　　原因となる行為が意図的であるかどうかにかかわらず，決算書作成時に入手可能な情報を利用しなかったことによる，またはこれを誤用したことによる誤り 　①　決算書の基礎となるデータの収集または処理上の誤り 　②　事実の見落としや誤解から生じる会計上の見積りの誤り 　③　会計方針の適用の誤りまたは表示方法の誤り

過去の決算書に誤謬が発見された場合 　・修正再表示 　　過去の決算書における誤謬を訂正し，当初から正しく会計処理していたかのように当期の決算書（比較情報を含む）を修正する。 　・過去の誤謬に関する注記 　　過去の誤謬の内容や影響額を開示する。

して前期以前の情報が開示されます。過去の誤謬が重要であると判断された場合，当該比較情報を修正再表示することになる一方で，重要な事項の変更その他公益または投資家保護のため訂正する必要があると認められた場合には，訂正報告書を提出しなければなりません（金商法24条の2，7条）。なぜなら，金融商品取引法上では，比較情報として示される前期以前の数値を修正再表示することにより，過去の誤謬を解消することはできないと一般的に考えられるからです。

　そのため，修正再表示に係る規定は通常適用されず，訂正報告書の提出が原則として求められることになります。実際に訂正報告書を提出するか否かは，もちろん追徴税額および還付税額の金額や性質の重要性にもよりますので，許容しがたい認識ミスや重要な金額ミスが生じないよう税務レビューを実施することが重要です。

　また，会社法における修正再表示は，確定済みの過年度の計算書類等・連結計算書類について自動的に修正されるわけではなく，その重要性によっては株主総会による承認などの手続を再度実施する場合がありますので留意が必要です。

　このように決算手続における税金計算の誤りが訂正報告書の提出にまで至る可能性があることを踏まえ，税務レビューの重要性を十分認識しておく必要があります。

(2) 税務レビューにおける分析手法

①期間比較分析

　期間比較分析は，税金関連の勘定科目ごと，または，税金の計算要素ごとに前期比較や四半期比較などを実施し，その増減内容について，会社の経営環境等に照らして合理的な理由に基づくものであるのかを分析する方法です。その中で，合理的な説明を付すことができない増減がある場合，それが税金関連勘定科目に関する処理の誤りに基づく場合も多いため，その内容を確かめる必要があります。

　期間比較分析の利点としては，数値を単純に比較して端緒を掴むので，分析手法としては容易であることがあげられ，時間的な制約がある中で有用な分析手法といえます。ただし，増減内容について，以下の視点に留意して分析する必要があります。

・会社の経営環境等を十分に理解した上で，会社に発生した取引事象により税金が増減する関連性を把握し，分析結果と整合しているか検証する。

・数値の増減を検証対象とするため，金額的に大きな増減に目が行きがちだが，金額的に小さな増減について，本来であれば大きな増減が発生すべきではなかったのかという視点で検証する。

・税制改正をキャッチアップし，増減すべき内容・数値との整合性を検証する。

図表1-5　期間比較分析の具体例

（単位：千円）

科目	前期末 ×1年3月31日	当期末 ×2年3月31日	増減	参照
法人税，住民税及び事業税	1,200	1,500	300	※1
未払法人税等	550	750	200	※2

＜増減理由＞
※1 法人税，住民税及び事業税の増加300は，〜（中略）〜によるものである。
※2 未払法人税等の増加200は，〜（中略）〜によるものである。

> 増減について，会社の経営環境等に照らして合理的な説明が可能であるかを検証する。

②決算書と税務申告書の整合性チェック

　会計上の利益に対して，会計と税務の不一致部分を調整して，税務上の所得金額および税額を計算します。そのため，会計基準に従い決算書に計上される金額と，税法に従い税務申告書に記載される金額には，一定の対応関係

が認められる場合があります。その対応関係を正しく理解した上で，両者の整合性を確かめることによって，決算書に計上している税金関連科目の異常値を識別することができるのです。

　決算書と税務申告書の整合性分析は，当期の決算書に計上される金額と，当年度の税務申告書の各記載項目の数値の整合性を確かめ，両者の対応関係に異常がないか，また，一致すべき項目が一致しているか，などを分析します。そして，対応関係に異常が識別された場合，それが合理的な理由に基づくものであるのかを検証し，合理的な説明を付すことができなければ，税金関連勘定科目に関する会計処理の誤りであるのか否かを判断する必要があります。

　整合性分析の利点としては，決算書に計上される金額と税務申告書に記載される金額に明確な対応関係がある場合には（例えば，図表1-6のように棚卸資産の評価損を全額損金不算入項目として加算調整する場合），その整合性を容易に判断できることがあげられます。その一方で，明確な対応関係

図表1-6　整合性分析の具体例

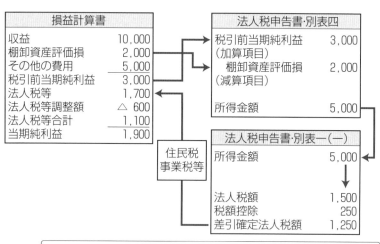

が認められない場合にはこの分析手法が利用できないことになります。

③税率差異分析

　多くの税金では，課税標準に税率を乗ずることで税額を算出します。課税標準の算出方法および税率は，税法等に基づき決定されます。一部の税金では，課税標準の計算を，会計上の数値に一定の調整を加えることで実施する場合もあります。そのため，会計上の数値と税率を用いた分析を実施することは，税金計算の検証において有用です。

　法人税は，会計上の当期純利益に加算・減算項目を調整した上で課税所得を計算し，当該課税所得に税率を乗じることによって計算します。したがって，会計上の税引前当期純利益に対する税金費用の比率（税負担率）と法定の税率（法定実効税率）の差異を比較分析することは有用です。差異分析といっても，差異があること自体は問題ではなく，差異原因がそれぞれ妥当なものかを検証するとともに，原因が不明な差異は処理誤りの可能性を含めて

図表1-7　税率差異分析の具体例

損益計算書

科目		金額
収益		10,000
費用		7,000
税引前当期純利益	(A)	3,000
法人税、住民税及び事業税	(B)	1,700
法人税等調整額	(C)	△ 600
法人税等合計	(B)＋(C)＝(D)	1,100
当期純利益		1,900

差異分析

法人税等負担率(D)÷(A) 37%	⬌	法定実効税率 30%

検証し，妥当でないものを特定することで誤りを認識できます。

　税率差異分析の利点としては，決算書から収集できる情報に基づき効率的な分析が可能であることがあげられます。なお，期間比較分析と同様に，比較を実施するため，率の小さな変動（差異）について本来であれば大きな変動（差異）が発生すべきでなかったかに留意する必要があります。

④連単分析

　連結決算書を作成する会社においては，連単倍率を用いた分析を実施することが有用です。連結決算書は連結グループの個々の会社の決算書を合算・調整して作成されるため，連結決算書における税金費用は，通常親会社の税金費用を上回ることになります。すなわち税金費用の連単倍率は，通常「1」を下回ることはなく，「1」を上回る分は，連結子会社による影響と考えられます。なお，第5章で説明するグループ通算制度を適用する場合は，各社の利益と損失を勘案した税金計算となり，分析ポイントが異なってくるため，別途留意が必要です。

　また，連単倍率について，連結決算書を構成する各社の収益環境および課税所得の稼得状況に著しい変動がないかぎり，前期とおおむね同水準になる

図表1-8　連単分析

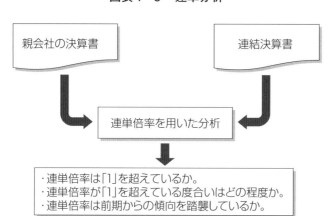

ことが見込まれることから，連単倍率の期間比較分析を行うことも有用です。

　そのほか，③の税率差異分析について，連結各社の個別決算書と連結決算書でどのように異なっているのか，連結固有の処理による変動はあるのかなどを第6章第2節5（7）で紹介する項目に照らして分析することも有用です。なお，連結子会社の中には親会社やグループの他の子会社と比較して管理体制が脆弱なため，税制や会計基準の改正をキャッチアップできず，利益，所得，税率などのいずれかに誤りを起こしている場合もあるので，連単分析で端緒をつかむことも有用です。

・・・・・・・・・・第1節　これだけはおさえよう！・・・・・・・・・・

1．企業会計における税金項目は法人税だけではなく，複雑かつ多岐にわたります。

2．時間的な制約がある決算手続において，効率よく税金計算をチェックするためには，勘定分析や重要なチェック項目に絞ってレビュー・内容検証を実施することが有用です。本書では「税務レビュー」と呼びます。

3．事後的に税金計算の誤りが発見された場合，公表された決算書の修正・訂正などの検討プロセスは，金融商品取引法，会社法，過年度遡及会計基準などによって慎重に対応する必要があります。

4．税務レビューにおける分析手法として，期間比較分析，決算書と税務申告書の整合性分析，税率差異分析，連単分析などがあります。

第2節 決算書における税金関連科目

1．概要

(1) 税金に関する会計基準

　税金に関する会計処理や表示の基準は，「法人税，住民税及び事業税等に関する会計基準（企業会計基準第27号）」や「消費税の会計処理について（中間報告）」など多数あり，その内容をまとめると図表1-9のようになります。

図表1-9　決算書における会計処理や表示の基準

基準名称	主な内容
法人税，住民税及び事業税等に関する会計基準	主として法人税，地方法人税，住民税および事業税に関する会計処理および開示
消費税の会計処理について（中間報告）	消費税の会計処理（税抜方式，税込方式）および財務諸表における表示
税効果会計に係る会計基準	一時差異等の認識，繰延税金資産および繰延税金負債等の計上方法，繰延税金資産および繰延税金負債等の表示方法，注記事項
税効果会計に係る会計基準の適用指針	税効果に係る会計基準を連結財務諸表および個別財務諸表に適用する際の指針，結論の背景，設例など
中間財務諸表等における税効果会計に関する適用指針	税効果に係る会計基準を中間連結財務諸表および中間個別財務諸表に適用する際の指針，簡便法の取扱い，表示方法など
繰延税金資産の回収可能性に関する適用指針	繰延税金資産の回収可能性に関して，将来の課税所得の十分性を判断するための指針や各項目における一時差異の取扱い
グループ通算制度を適用する場合の会計処理及び開示に関する取扱い	グループ通算制度を適用する場合における法人税及び地方法人税ならびに税効果会計の会計処理および開示の取扱い

(2) 決算書における表示科目

決算書における税金に関する主な表示科目は次のようになります。

図表1-10　損益計算書

科目	金額
売上高	×××
売上原価	×××
売上総利益	×××
販売費及び一般管理費	×××
租税公課（外形標準課税等）	×××
営業利益	×××
営業外収益	×××
営業外費用	×××
経常利益	×××
特別利益	×××
特別損失	×××
税引前当期純利益	×××
法人税，住民税及び事業税	×××
法人税等の更正，決定等による納付税額又は還付税額	×××
法人税等調整額	×××
法人税等合計	×××
当期純利益	×××

図表1-11　貸借対照表

科目	金額	科目	金額
（資産の部）		（負債の部）	
流動資産		流動負債	
未収還付法人税等	×××	未払法人税等	×××
		未払事業所税等	×××
未収消費税等	×××	未払消費税等	×××
固定資産		固定負債	
投資その他の資産		繰延税金負債	×××
繰延税金資産	×××		
		（純資産の部）	

第1章

概要

15

２．主な税金科目に関する会計処理および表示方法

「法人税，住民税及び事業税等に関する会計基準（企業会計基準第27号）」について，要約すると次のようになります。

(1) 法人税，地方法人税，住民税および事業税と未納付額

法人税，地方法人税，住民税および事業税（所得割）は，損益計算書の税引前当期純利益（又は損失）の次に，「法人税，住民税及び事業税」などその内容を示す科目で表示します。また，法人税，住民税，事業税等のうち納付されていない税額は，貸借対照表の流動負債の区分に，「未払法人税等」などその内容を示す科目で表示します（法人税等会計基準9項，11項）。

(2) 追徴税額および還付税額

①税額

法人税，地方法人税，住民税および事業税（所得割）の更正等による追徴税額および還付税額を合理的に見積もることができる場合，損益計算書の「法人税，住民税及び事業税」の次に，「過年度法人税等」や「法人税等追徴

図表１-12　法人税，地方法人税，住民税及び事業税

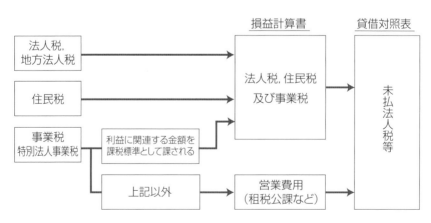

税額」など，その内容を示す科目で表示します。ただし，追徴税額および還付税額の発生が，過去の誤謬に該当する場合には，過年度遡及会計基準に基づき修正再表示を行います。

一方で，これらの金額の重要性が乏しい場合には，「法人税，住民税及び事業税」に含めて表示することができます（法人税等会計基準15項）。以上をまとめると図表1-13のようになります。

図表1-13　追徴課税および還付税額の会計処理・表示

ケース	金額および質的重要性	会計処理および表示
過去の誤謬に該当する場合	あり	会計上，修正再表示を行う。（過去の誤謬の訂正を反映させ，当初より正しく処理していたかのように会計処理する。）
	乏しい	「法人税，住民税及び事業税」に含めて表示することができると考えられる。
上記以外の場合	あり	「法人税，住民税及び事業税」の次に，「法人税等追徴税額」等の名称で表示する。
	乏しい	「法人税，住民税及び事業税」に含めて表示することができる。

②未納付額

更正等により追加で徴収される可能性が高く，合理的に見積もることができる追徴税額のうち，決算期末時点で納付されていない税額は，貸借対照表の「未払法人税等」に含めて表示します。逆に，還付されることが確実に見込まれ，合理的に見積もることができる還付税額のうち，決算期末時点で受領されていない税額は，「未収還付法人税」に含めて表示します（法人税等会計基準6項，7項，17項，18項）（次ページの図表1-14参照）。

なお，税務調査の指摘事項のうち，どのような事項が誤謬に該当するかは実務上の論点となります。誤謬に該当するか否かは，指摘事項に至った経緯

図表1-14　追徴課税および還付税額の貸借対照表表示

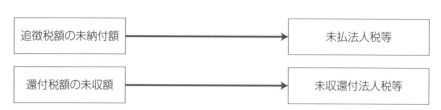

をもとに実態に即して判断することになります。例えば，会社の主張が「税務当局との見解の相違」と呼ばれるような事項である場合，最終的に裁判所により判断されるなどの実質的な意味においての見解の相違であると判断できれば，過年度遡及会計基準上の誤謬の定義に該当しないため，通常，会計上の誤謬とは判断されないものと考えられます。一方，適用する税率の誤りや税務調整項目の集計漏れ，四則計算の誤り，または，明らかな法令の適用誤りなどは，会計上の誤謬と判断される可能性が高いと考えられますので，誤謬に該当するか否かは慎重な判断が求められます。

(3) 受取利息・受取配当金等に課される源泉所得税

　会社が受け取る利息や配当金は，所得税法に基づき，一定額が源泉徴収されます。法人税と所得税との二重課税回避の観点から，源泉徴収された金額のうち一定のものは，法人税等の前払いとしての性格が認められ，税額控除を受けることができます（法法68条）。

　受取利息・受取配当金等に課される源泉所得税のうち，法人税法および地方税法上の税額控除の適用を受ける金額は，損益計算書上，「法人税，住民税及び事業税」に含めて表示されます。法人税法および地方税法上の税額控除を受けない税額は，営業外費用として表示します。ただし，その金額の重要性が乏しいと認められる場合には，「法人税，住民税及び事業税」に含めて表示することができます（法人税等会計基準5項，13項）。

図表1-15　受取利息・受取配当金等に課される源泉所得税

(4) 外国法人税

　会社が，外国に所在する支店などで外国税を支払った場合や外国法人から受け取った配当金に関する外国税が徴収された場合に，その外国税と日本の税金との二重課税回避の観点から，その一部について税額控除を受けることができます（法法69条）。

　外国法人税のうち，法人税法上の税額控除の適用を受ける金額は，損益計算書上，「法人税，住民税及び事業税」に含めて表示されます。法人税法上の税額控除の適用を受けない税額はその内容に応じて適切な科目に表示します（法人税等会計基準14項）。

図表1-16　外国法人税額

```
                 ┌─── 受ける ──→ 法人税, 住民税及び事業税
税額控除の適用 ───┤
                 └─── 受けない ──→ 適切な科目
```

(5) 外形標準課税

　「外形標準課税制度」のもと，資本金1億円超の法人では，法人事業税として，所得を基準として計算される所得割のほか，付加価値割および資本割が課されます。法人事業税の付加価値割および資本割については，原則とし

て販売費及び一般管理費として表示することになりますが，合理的な配分方法に基づきその一部を売上原価として表示することもできます。また，その未納付額は，通常の事業税と同様に「未払法人税等」に含めて表示します（法人税等会計基準10項，11項）。

図表1-17　外形標準課税

```
┌──────────┐        ┌──────┐        ┌────────────────┐
│外形標準課税│───────→│ 原則 │───────→│販売費及び一般管理費│
│(付加価値割)│        └──────┘        │ （租税公課など） │
│  資本割  │                        └────────────────┘
└──────────┘        ┌──────┐        ┌────────────────┐
        └──────────→│ 例外 │───────→│    売上原価    │
                    └──────┘        └────────────────┘
```

会計士memo　【延滞税等の見直し】

　現在の低金利の状況に合わせ，事業者等の負担を軽減する観点などから，当面の措置として，令和3年1月1日以降，延滞税，利子税，還付加算金は下図のように引き下げられています。

	原則	特例	特例の具体的な割合	
			令和4年	令和5年
延滞税 （2ヵ月まで）（※1）	7.3%	延滞税特例基準割合（※3）+1.0%	2.4%	2.4%
延滞税 （2ヵ月経過後）（※2）	14.6%	延滞税特例基準割合（※3）+7.3%	8.7%	8.7%
利子税 （法人税等の場合）	7.3%	利子税特例基準割合（※4）	0.9%	0.9%
還付加算金	7.3%	還付加算金特例基準割合（※4）	0.9%	0.9%

（※1）税金の納付期限の翌日から2ヵ月を経過する日までの場合
（※2）税金の納付期限の翌日から2ヵ月を経過した日の翌日以後の場合
（※3）前々年9月～前年8月の国内銀行の新規の短期貸出約定平均金利の平均に年1％の割合を加算した割合
（※4）前々年9月～前年8月の国内銀行の新規の短期貸出約定平均金利の平均に年0.5％の割合を加算した割合

3．消費税の会計処理および表示方法

「消費税の会計処理について（中間報告）」を，要約すると次のようになります。

(1) 消費税の概要

消費税は，消費という事実に対して課される税金で，資産の販売やサービスの提供などの取引に対して，消費した者が負担し，販売・提供した者が納付します。

会社は，販売取引等を行う際に消費税が含まれた金額を受領するとともに，仕入取引等を行う際に消費税を含めた金額を支払います。その上で，売上等に係る消費税（以下，「販売税」という）から，仕入等に係る消費税（以下，「仕入税」という）を控除して，結果として納税または還付が生じることになります。

なお，国税である消費税と地方税である地方消費税をあわせて，消費税等といいます。

(2) 消費税等の会計処理方式

消費税等は最終的な消費者が税負担するため，流通段階では一種の通過支出であるといえます。そのため消費税等の会計処理が損益計算に影響を及ぼさない方式（税抜方式）を採用することが適当ですが，一部の会社では税込方式を採用することができます（消費税会計処理第2）。したがって，会社がそのいずれを採用しているかを会計方針として記載することになります（消費税会計処理第5・Ⅰ）。なお「収益認識に関する会計基準」が適用される会社では，顧客から預かる消費税等を収益に含めることが認められないため，税抜方式を採用する必要があります（収益認識会計基準47項）。

①税抜方式

　税抜方式は，仕入税を仮払消費税等の勘定で，販売税を仮受消費税等の勘定で処理し，課税期間に係る販売税と仕入税とを相殺し，その差額を納付する（または，還付を受ける）ものであり，会社の損益計算に影響を及ぼさない方式といえます（消費税会計処理第3）。したがって，収益にはそれに関する消費税等は含まれず，仕入や費用にもそれに関する消費税等が含まれないことになります。上場会社においては，この税抜方式のみが認められています。

②税込方式

　税込方式は，仕入税を資産の取得原価または費用に含め，販売税を収益に含める方式です。この方式では，納付税は租税公課勘定に，還付税は収益勘定に計上します（消費税会計処理第4）。したがって，収益にはそれに関する消費税等が含まれ，費用にはそれに関する消費税等が含まれ，会社の損益計算に影響することになります。

(3) 貸借対照表の表示
①未払消費税等

　未払消費税は，未払法人税等と区別して，「未払消費税等」など，その内容を示す適当な名称を付した科目で貸借対照表に表示します。ただし，その金額が重要でない場合は，未払金等に含めて表示することができます（消費税会計処理第5・Ⅱ・1）。

図表1-18　貸借対照表における表示　その1

| | 販売税 －（仕入税 － 控除対象外消費税等） | |
	「＋」の場合	「－」の場合
重要性あり	「未払消費税等」として流動負債に表示する。	「未収消費税等」として流動資産に表示する。
重要性なし	「未払金」等に含めて流動負債に表示できる。	「未収金」等に含めて流動資産に表示できる。

②未収消費税等

　未収消費税は，未収還付法人税等と区別して，「未収消費税等」などその内容を示す適当な名称を付した科目で貸借対照表に表示します。ただし，その金額が重要でない場合は，未収金等に含めて表示することができます（消費税会計処理第5・Ⅱ・2）。

　③長期前払消費税等

　固定資産等は複数会計期間にわたって事業の用に供するため，固定資産等に係る控除対象外消費税等を一括して長期前払費用として費用配分する方法を採用することができます。長期前払消費税等は，「長期前払消費税等」など，その内容を示す適当な名称を付した科目で貸借対照表に表示します。ただし，その金額が重要でない場合は，投資その他の資産の「その他」に含めて表示することができます（消費税会計処理第5・Ⅱ・5）。

図表1-19　貸借対照表における表示　その2

	原則	重要性なし
長期前払消費税	「長期前払消費税等」として，投資その他の資産に表示する。	投資その他の資産の「その他」に含めて表示することができる。

(4) 損益計算書の表示

①租税公課（消費税等）

　税抜方式の場合における控除対象外消費税等（仕入税額控除ができない仮払消費税等の額）または税込方式の場合における納付すべき消費税等は，販売費及び一般管理費の「租税公課」に表示し，その金額が重要な場合は，「消費税等」など，その内容を示す適当な名称を付した科目で表示します（消費税会計処理第5・Ⅱ・3）。なお，販売費及び一般管理費として表示することが適当でない場合，仕入に関するものは売上原価，その他は営業外費用等に表示することになります。

図表 1 -20　損益計算書における表示

	税抜方式	税込方式
通常のケース	控除対象外消費税等を「租税公課」等の名称を付した科目で販売費及び一般管理費として表示する。	販売税－（仕入税－控除対象外消費税等）を「租税公課」等の名称を付した科目で販売費及び一般管理費として表示する。
上記の表示が適当でない場合	控除対象外消費税等を売上原価，営業外費用等に表示することができる。	販売税－（仕入税－控除対象外消費税等）を売上原価，営業外費用等に表示することができる。

　なお，仕入税額控除の対象となる消費税等の計算は，一部の会社を除いて，「個別対応方式」または「一括比例配分方式」のいずれかの方法によります（消法30条）。詳しくは，図表 1 -21をご参照ください。

②雑収入（還付消費税等）

　税込方式の場合，還付された消費税等は営業外収益の「雑収入」等に表示します。「雑収入」等として表示することが適当でない場合（例えば，仕入税のほとんどが還付される輸出商社など）には，その金額を売上原価または販売費及び一般管理費から控除して表示することができます（消費税会計処理第 5 ・Ⅱ・ 4 ）。なお，その金額が重要な場合は「還付消費税等」などその内容を示す適当な名称を付した科目で表示します。

図表1-21　仕入税額控除の対象となる消費税等の計算方法

ケース	計算方法
課税売上割合が95％以上であり かつ 課税売上高が5億円以下である会社	全額控除
上記以外	個別対応方式または一括比例配分方式

計算方法	内容
個別対応方式	課税期間中の課税仕入等に係る消費税額のすべてを， ①課税売上にのみ要する課税仕入等に係るもの ② 非課税売上にのみ要する課税仕入等に係るもの ③ 課税売上と非課税売上に共通して要する課税仕入等に係るもの に区分し，次の算式により計算した仕入控除税額をその課税期間中の課税売上に係る消費税額から控除する。 （算式） 仕入控除税額＝①＋（③×課税売上割合） ⇒この方式は上記の区分がされている場合にかぎり，採用することができる。
一括比例配分方式	課税期間中の課税売上に係る消費税額から控除する仕入控除税額は，次の算式によって計算した金額になる。 （算式） 仕入控除税額＝課税仕入等に係る消費税額×課税売上割合 ⇒課税期間中の課税仕入等に係る消費税額が個別対応方式の①②③のように区分されていない場合または区分されていてもこの方式を選択する場合に適用する。

4．税効果会計

(1) 概要

　税効果会計は，税法に基づき計算された税金の額を，適切に期間配分することによって税引前当期純利益と税金費用を合理的に対応させることを目的とする会計処理です。

　例えば図表1-22のように，税務申告書において，税引前当期純利益3,000に，調整項目2,000を加算して所得5,000が計算されます。これに税率を乗じた1,500が，損益計算書において「②法人税，住民税及び事業税」として計上されます。一方，加算項目2,000が一時差異に該当する場合，それに法定実効税率30％を乗じた法人税等調整額600が，損益計算書に「③法人税等調整額」として計上されます。その結果，「①税引前当期純利益」に対する，「②法人税，住民税及び事業税」と「③法人税等調整額」の合計である税負担額の比率（税負担率）は30％となり，法定実効税率と一致します。

　決算書において税効果会計に関連する科目として，繰延税金資産，繰延税

図表1-22　税効果会計の概要

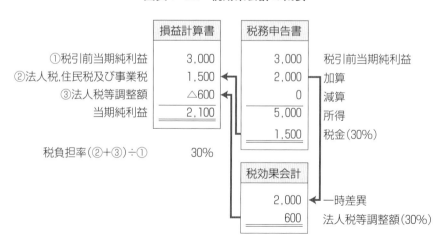

・損益計算書上の税負担率は，法定実効税率と同じとなる。

金負債，法人税等調整額がありますが，詳細は第6章において取り扱います。

(2) 貸借対照表の表示

貸借対照表において，「繰延税金資産」は投資その他の資産として，「繰延税金負債」は固定負債として表示します（税効果会計基準改正2.1）。なお，繰延税金資産と繰延税金負債がある場合，相殺し，金額が残った方の科目で純額表示されます。

ただし，異なる納税主体の繰延税金資産と繰延税金負債は，原則として相殺しません（税効果会計基準改正2.2）。したがって，連結する会社のそれぞれの決算書の貸借対照表において，ある会社は相殺後に繰延税金資産，ある会社は相殺後に繰延税金負債が表示されている場合には，連結貸借対照表上，ともに表示されることになります。

(3) 損益計算書の表示

損益計算書において，「法人税等調整額」は，税引前当期純利益から控除する「法人税，住民税及び事業税」に加減算する形式により表示します（税効果会計基準第三・3）。

・・・・・・・・・・・第2節　これだけはおさえよう！・・・・・・・・・・・・・・

1．税金に関する会計処理や表示は，「法人税，住民税及び事業税等に関する会計基準」などで規定されています。重要性がある場合は決算書において，個別の勘定科目で表示することが原則です。

2．各種の税金について，損益計算書の「法人税，住民税及び事業税」に含まれる項目と含まれない項目を正しく理解することが重要です。

3．各種の税金未納額について，貸借対照表の「未払法人税等」に含まれる項目と含まれない項目を正しく理解することが重要です。

第3節　決算書作成における税金計算

　冒頭で説明したとおり，会計基準は決算書の利用者が経営成績や財政状態を正しく理解することを目的としているのに対して，税法は業績に基づき公平に課税することを目的として設定されています。

　したがって，会計上で計算される利益（収益から費用を差し引いて計算）と，税額を算定する基礎となる税務上の利益ともいえる所得（益金から損金を差し引いて計算）は，会計と税務の目的が異なり，計算過程に相違があることから，通常は一致しません。会社には，あくまで税務上導き出した所得に基づき独自に計算される税金が課せられて，その結果が会計上の決算書に二次的に反映されるため，構造を理解するのに別途知識が必要になります。本節では，法人税を例として，決算書作成における税金計算の基本構造を説明します。

1．申告書提出のスケジュール

　決算書を作成するための税金計算のスケジュールとして，申告書の提出時期を説明します。

(1) 確定申告書の提出

　法人は，確定した決算に基づいて確定申告書を作成し，各事業年度終了の日から2ヵ月以内に申告書を提出し，申告書に記載した税額を納付しなければなりません（法法74条）。また，上場会社など会計監査人の監査を受けなければならないため，事業年度終了の日から2ヵ月以内に決算が確定しない場合，あるいは災害等で決算が確定しないため申告書を提出期限までに提出

できない場合は，申請により申告期限を延長することができます（法法75条，75の2条）。なお，申告期限を延長する場合であっても，延長期間の法人税額には利子税が課せられますので，多くの場合本来の納付期限までに税金計算をほぼ確定させ，見込納付を行い，翌月以降の確定申告時に差額を納付して申告を完了させます。

図表1-23　決算スケジュール（申告期限の延長を申請していない場合）

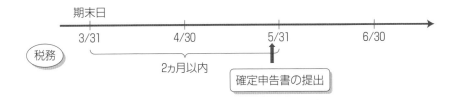

図表1-24　決算スケジュール（申告期限の延長を申請している場合）

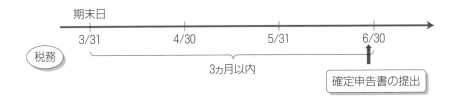

(2) 中間申告書の提出

　法人は，各事業年度開始の日以後6ヵ月を経過した日から2ヵ月以内に，中間申告書を提出し，中間申告書に記載した税額を納付しなければなりません。中間申告の方法には，前期の実績額を基礎とする計算方法（予定申告）と，期首から6ヵ月間を1事業年度とみなして仮決算を行い，計算する方法（仮決算）の2通りの方法があります（法法71条，72条）。

　中間申告を予定申告と仮決算のいずれで実施するかは，会社が選択することになります。ただし，仮決算による中間法人税額が，前期基準額（12ヵ月

図表1-25　法人税の中間申告方式

ケース	中間申告方式
仮決算による中間法人税額が，前期基準額（前事業年度の確定法人税額を前事業年度の月数で割って，これに6を乗じて計算された金額）を超える場合	予定申告
前期基準額が10万円以下である場合	中間申告不要（仮決算による中間申告はできない。）
上記以外	仮決算か予定申告のいずれか

決算会社である場合，前期の確定法人税額の12分の6）を超える場合には，仮決算による中間申告書の提出ができず，予定申告によることになります（法法72条）。これは，仮決算による中間申告額が，年度の確定申告額より多い場合に，確定申告で市場利率よりも高い金利で算定される還付加算金を受け取ることができるという問題に対応したものです。

2．決算書の税金費用における留意事項

(1) 年度決算におけるスケジュールとの関係

　年度の決算書において表示される税金費用は，税務上の確定申告書で独自に計算される金額で計上されます。しかし，実務上，前述の確定申告書の提出スケジュールは，決算書作成後の決算発表のスケジュールとバランスが悪く，時間的に税務申告が遅いため，確定申告書で計算される税金費用の確定を待って決算書に計上することは通常困難を伴います。

　3月決算の会社を例にすると，会社は確定申告書を5月下旬（または6月下旬）に作成・提出します。一方で，4月中旬から5月中旬までの間に決算発表を行う場合など，確定申告書の提出の前に，決算作業を完了しなければなりません。確定申告書と決算書を作成するタイミングが同じであれば，決算書の税金費用も確定申告書と同じ金額で計上することが可能ですが，こ

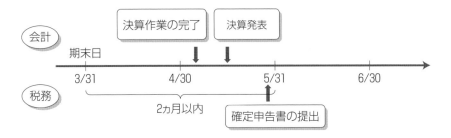

図表1-26　決算スケジュール（申告期限の延長を申請していない場合）

のように決算書の作成時期が確定申告書より前になるため，確定申告書で計算される金額を決算書に反映できるように，実務上は税金計算も決算作業の完了までに終える必要があります。

(2) 四半期決算における会計処理

①四半期決算の簡便または特有の処理

　四半期決算における税金費用は，原則として年度決算と同様の方法で計算しなければなりません。ただし，四半期報告の適時性と決算書作成者の負担を勘案して，四半期決算では簡便的な会計処理に関する取扱いが定められていますので，その一環として，税金費用の計算についても簡便的な取扱いが定められており，納付税額の算出にあたり加味する加減算項目や税額控除項目を，重要なものに限定する等の方法が紹介されています（四半期適用指針15項）。

　また，四半期特有の処理として，四半期会計期間を含む年度の税引前当期純利益に対する税効果会計適用後の実効税率を合理的に見積もり，税引前四半期純利益に当該見積実効税率を乗じて税金費用を計算することもできます（四半期会計基準14項，四半期適用指針18項）。

②税務上の中間申告との関係

　中間申告は，各事業年度開始の日以後6ヵ月間を対象としますので，通常

図表 1 -27　四半期決算における税金計算

項目	第1四半期決算	第2四半期決算（中間決算）	第3四半期決算	年度決算
決算書における税金費用の計算方法	（原則）年度決算と同様の方法により計算			確定申告書において計算される金額を計上する。
	（簡便）加減算項目等を限定して計算 （特有）見積実効税率により計算			
法人税申告書提出の有無	なし	あり（中間申告）	なし	あり（確定申告）
		中間期末日から2ヵ月以内		期末日から2ヵ月以内（延長可）

は第2四半期が対象期間といえますが，中間申告を予定申告と仮決算のいずれで実施しても，第2四半期決算において計算される会計上の税金費用に影響しません。また，第1四半期と第3四半期では四半期の申告書はありませんので，もっぱら決算書の作成のために税金計算を行います。

　いずれにしても，四半期決算の観点では，第1四半期，第2四半期，第3四半期の各会計期間において，会計基準に基づいた方法により四半期決算における税金費用を計算するため，計算方法に異なる部分はないことになります。

(3) 中間決算における会計処理

　非上場会社が，四半期報告ではなく，半期報告書を作成することもありますが，そのような会社の場合，中間決算における税金費用は，原則として年度決算と同様の方法で計算しなければなりません。ただし，中間会計期間を含む年度の税引前当期純利益に対する税効果会計適用後の実効税率を合理的に見積もり，税引前中間純利益に当該見積実効税率を乗じて税金費用を計算することもできます（中間税効果適用指針11項）。

図表1-28　中間申告の方法と会計処理

	税金費用の計算方法	
会計上の 中間決算書	原則	簡便
	年度決算と同様の方法により計算	見積実効税率により計算

予定申告と仮決算のどちらを採用するかは、中間決算における税金費用の金額に影響を与えない

	中間申告書の方式	
税務上の中間申告書の税額算定方法	予定申告	仮決算方式
	前期基準額の12分の6（1年決算会社の場合）を中間申告の税額として計算	期首からの6ヵ月間を1事業年度とみなして，年度決算と同様に，中間申告の税額を計算

　なお，中間申告を予定申告で実施した場合であっても，仮決算で実施した場合であっても，会計上の中間決算書における税金費用は，会計基準に基づいた方法により計算されます。したがって，中間申告を予定申告と仮決算のいずれで実施したとしても，中間決算において計上される税金費用に影響しません。

3．会計上の税金費用の計算の仕組み

　会計上の税金費用は，税法上の確定申告書で計算される金額で計上します。具体的には，(1) 会計上の利益から所得への調整計算，(2) 所得をもとにした税額の計算，(3) 税務上の税額に基づく税金費用の計算，(4) 税効果会計の計算という手順を理解する必要があります。それらについて以下で説明しますが，(4) については第6章で述べます。

(1) 会計上の利益から所得への調整計算

　会計上の利益は，収益から費用を差し引いて，計算されますが，法人税は，その会計上の利益に対して課税するのではなく，法人税法上の利益といえる所得に対して課税します。その所得は，益金から損金を差し引いて計算されます。会計と税務ではその目的が異なることから，会計上の「収益」と税務上の「益金」，会計上の「費用」と税務上の「損金」は，多くの場合，一致しません。しかしながら，収益・費用と益金・損金の範囲は重複する部分が通常は多くあります。したがって，わが国の法人税法の計算においては，決算における会計上の利益をもとに，税務上の益金・損金との不一致部分だけを税務申告書類の別表を使って調整することで，間接的かつ効率的に所得を計算します。

　この会計上の利益から税務上の利益といえる所得への調整は，法人税申告書のうち別表四を用いて実施されます。つまり，別表四をみると，不一致部分がわかるので，税務レビューにおいても重要な資料になります。

(2) 所得をもとにした税額の計算

　会計上の利益から税務上の所得を計算した後，その所得金額をもとに税額

図表1-29　利益と所得の関係と法人税申告書・別表四

		法人税申告書·別表四	
利益（会計上の利益）	⇔	当期利益 （加算項目）	××
＋			
費用であるが，損金でない項目	⇔	損金不算入項目	××
＋			
収益でないが，益金である項目	⇔	益金算入項目 （減算項目）	××
－			
収益であるが，益金でない項目	⇔	益金不算入項目	××
－			
費用ではないが，損金である項目	⇔	損金算入項目	××
＝			
所得（税務上の利益）	⇔	所得金額	××

図表1-30　法人税申告書・別表四における主な税務調整項目

区分		項目
加算項目	損金不算入項目	交際費等の損金不算入額
		寄附金の損金不算入額
		役員給与の損金不算入額
		損金経理をした法人税（附帯税を除く）
		損金経理をした道府県民税及び市町村民税
		損金経理をした納税充当金
		法人税額から控除される所得税額
		税額控除の対象となる外国法人税の額等
		附帯税（利子税を除く），加算金，延滞金（延納分を除く），過怠税
		罰金，科料，過料，交通反則金等
		賞与引当金繰入否認額
		退職給付引当金繰入否認額
		貸倒引当金繰入限度超過額
		減価償却の償却超過額
		棚卸資産評価損の否認額
		有価証券評価損の否認額
		固定資産減損損失の否認額
	益金算入項目	圧縮積立金取崩額
		特別償却準備金取崩額
減算項目	益金不算入項目	受取配当等の益金不算入額
		外国子会社から受ける剰余金の配当等の益金不算入額
		損金不算入の税金の還付金
	損金算入項目	欠損金又は災害損失金等の当期控除額
		圧縮積立金積立額
		特別償却準備金積立額

図表1-31　法人税申告書・別表四と別表一（一）の関係

法人税申告書·別表四	
当期利益	××
（加算項目）	××
（減算項目）	××
所得金額	××

法人税申告書·別表一（一）	
所得金額	××
×法人税率	
法人税額	××
－	
法人税額の特別控除額	××
＝	
差引法人税額	××
－	
控除税額	××
＝	
差引所得に対する法人税額	××
－	
中間申告分の法人税額	××
＝	
差引確定法人税額	××

を計算します。基本的には，ここで計算した所得に法人税率を乗じて，法人税額を計算します。そして，法人税額に対する特別控除額（試験研究費の税額控除など）等があれば，それらを加減算し，会社が負担することとなる法人税額が確定します。

　所得金額から税額を算定する調整は，法人税申告書のうち別表一（一）を用いて実施されます。

　なお，所得をもとにした金額を課税標準とする税金として，法人税以外には住民税（法人税割）や事業税（所得割）などがあります。住民税（法人税割）は法人税額に住民税率を乗ずることで，事業税（所得割）は所得金額に事業税率を乗ずることでそれぞれ計算されます。

(3) 税務上の税額に基づく会計上の税金費用の計算

　計算された税額は，会計上の費用として損益計算書に表示することになりますが，決算期末時点で未納付または還付前の金額は，貸借対照表の残高として表示することになります。なお，法人税額は，会計上の費用ですが，住

図表1-32　法人税申告書・別表一（一）と決算書の関係

法人税申告書・別表一（一）		決算書
所得金額	××	税額控除の適用を受ける金額は，「法人税，住民税及び事業税」に含めて表示される。
法人税額	××	
法人税額の特別控除額	××	
差引法人税額	(A) ××	「法人税，住民税及び事業税」に含めて表示される。
控除税額	(B) ××	
差引所得に対する法人税額	(C) ××	「未払法人税等」または「未収還付法人税等」として表示される。
中間申告分の法人税額	(D) ××	
差引確定法人税額	(E) ××	

(B)および(C)が「法人税，住民税及び事業税」として損益計算書に表示されることになる。
(B)および(D)はすでに支払済みであるため，両者を控除した後の(E)が未払または
未収の税金残高として貸借対照表に表示されることになる。

民税や事業税とともに「法人税，住民税及び事業税」として，税引前当期純利益からまとめて控除する形式で表示します。

4．決算書と法人税申告書の関係

　法人税申告書の別表の中で，別表一（一），別表四，別表五（一），別表五（二）が中心的な役割を果たします。前項3（1）から（3）までで言及されていない別表五（一）は税務上の純資産を計算する明細書であり，利益と所得を調整する別表四と密接に関係しています。また，別表五（二）は，租税公課の納付状況と納税充当金（会計上の未払法人税等に相当）の繰入額および取崩額に関する明細書であり，税額を計算する別表一（一）や別表五（一）と密接に関係しています。

　これらを踏まえて，会計上の利益から法人税申告における所得を計算し，この所得に基づいて税額を計算するとともに，税金費用を計上する一連の流れは，図表1-33のようにまとめることができます。

図表1-33　決算書と法人税申告書の相関図

貸借対照表

（資産の部）		（負債の部）	
繰延税金資産	600	未払法人税等	700
		（純資産の部）	
		利益剰余金	
		利益準備金	500
		別途積立金	200
		繰越利益剰余金	3,300

税効果会計・計算資料

将来減算一時差異
　棚卸資産評価損2,000×法定実効税率30％＝600

損益計算書

収益	10,000
棚卸資産評価損	2,000
交際費	1,000
その他の費用	4,000
税引前当期純利益	3,000
法人税、住民税及び事業税	1,500
法人税等調整額	△ 600
法人税等合計	900
当期純利益	2,100

別表一（一）

所得金額	6,000
法人税額（所得金額×30％）	1,800
法人税額の特別控除額	300
差引法人税額	1,500
控除税額	100
差引所得に対する法人税額	1,400
中間申告分の法人税額	700
差引確定法人税額	700

別表四

区分	総額	処分	
		留保	社外流出
当期利益	3,000	3,000	
（加算項目）			
棚卸資産評価損	2,000	2,000	
交際費	1,000		1,000
（減算項目）			
所得金額	6,000	5,000	1,000

別表五（一）				
Ⅰ利益積立金額の計算に関する明細書				
区分	期首現在利益積立金額	当期の増減		差引翌期首現在利益積立金額
		減	増	
利益準備金	500			500
別途積立金	200			200
棚卸資産評価損			2,000	2,000
繰越損益金	1,400	1,400	3,300	3,300
納税充当金	800	800	700	700

別表五（二）						
税目及び事業年度	期首現在未納税額	当期発生税額	当期中の納付税額			期末現在未納税額
			充当金取崩しによる納付	仮払経理による納付	損金経理による納付	
法人税 前期分	800		800			0
当期分中間		700	700			0
当期分確定		700				700
計	800	1,400	1,500	0	0	700
住民税 計						
事業税 計						
その他 損金算入						
損金不算入 源泉所得税		100			100	0

納税充当金の計算				
繰入額 期首納税充当金	800	取崩額 その他	損金算入のもの	
損金の額に算入した納税充当金	1,500		損金不算入のもの	
計	1,500		仮払税金消却	
取崩額 法人税額等	1,600		計	1,600
事業税		期末納税充当金		700

※貸借対照表の「未払法人税等」と損益計算書の「法人税，住民税及び事業税」は，簡便的に法人税のみを表示し，住民税や事業税等は省略している。

　相関図を理解するために，法人税申告書のサンプル（令和4年度版）を参考に掲載します（出所：国税庁ホームページ）。

（1）法人税申告書・別表一（一）のひな型

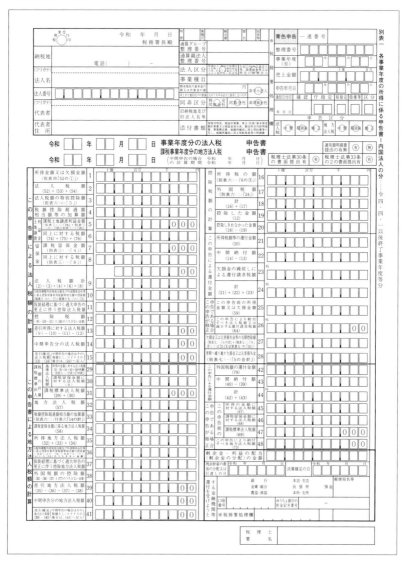

(2) 法人税申告書・別表四のひな型

所得の金額の計算に関する明細書

別表四　令四・四・一以後終了事業年度分

区　分		総　額 ①	処　　分	
			留　保 ②	社外流出 ③
当　期　利　益　又　は　当　期　欠　損　の　額	1	円	円	配　当　　円
				その他
加	損金経理をした法人税及び地方法人税（附帯税を除く。）	2			
	損金経理をした道府県民税及び市町村民税	3			
	損金経理をした納税充当金	4			
	損金経理をした附帯税（利子税を除く。）、加算金、延滞金（延納分を除く。）及び過怠税	5			その他
	減価償却の償却超過額	6			
	役員給与の損金不算入額	7			その他
	交際費等の損金不算入額	8			その他
算	通算法人に係る加算額（別表四付表「5」）	9			外※
		10			
	小　　　計	11			外※
減	減価償却超過額の当期認容額	12			
	納税充当金から支出した事業税等の金額	13			
	受取配当等の益金不算入額（別表八（一）「13」又は「26」）	14			※
	外国子会社から受ける剰余金の配当等の益金不算入額（別表八（二）「26」）	15			※
	受贈益の益金不算入額	16			※
	適格現物分配に係る益金不算入額	17			※
	法人税等の中間納付額及び過誤納に係る還付金額	18			
	所得税額等及び欠損金の繰戻しによる還付金額等	19			※
算	通算法人に係る減算額（別表四付表「10」）	20			※
		21			
	小　　　計	22			外※
	仮　　計 (1)＋(11)－(22)	23			外※
対象純支払利子等の損金不算入額（別表十七（二の二）「29」又は「34」）	24			その他
超過利子額の損金算入額（別表十七（二の三）「10」）	25	△		△
仮　　計 ((23)から(25)までの計)	26			外※
寄附金の損金不算入額（別表十四（二）「24」又は「40」）	27			その他
法人税額から控除される所得税額（別表六（一）「6の③」）	29			その他
税額控除の対象となる外国法人税の額（別表六（二の二）「7」）	30			その他
分配時調整外国税相当額及び外国関係会社等に係る控除対象所得税額等相当額（別表六（五の二）「5の②」＋別表十七（三の六）「1」）	31			その他
組合等損失額の損金不算入額又は組合等損失超過合計額の損金算入額（別表九（二）「10」）	32			
対外船舶運航事業者の日本船舶による収入金額に係る所得の金額の損金算入額又は益金算入額（別表十（四）「20」、「21」又は「23」）	33			※
合　　計 (26)＋(27)±(28)＋(29)＋(30)＋(31)＋(32)±(33)	34			外※
契約者配当の益金算入額（別表九（一）「13」）	35			
特定目的会社等の支払配当又は特定目的信託に係る受託法人の利益の分配等の損金算入額（別表十（八）「13」、別表十（九）「11」又は別表十（十）「16」若しくは「33」）	36	△	△	
中間申告における繰戻しによる還付に係る災害損失欠損金額の益金算入額	37			※
非適格合併又は残余財産の全部分配等による移転資産等の譲渡利益額又は譲渡損失額	38			※
差　　引　　計 ((34)から(38)までの計)	39			外※
更生欠損金又は民事再生等評価換えが行われる場合の再生等欠損金の損金算入額（別表七（三）「9」又は「21」）	40	△		※ △
通算対象欠損金額の損金算入額又は通算対象所得金額の益金算入額（別表七の二「5」又は「11」）	41			※
当初配賦欠損金控除額の益金算入額（別表七（二）付表一「23の計」）	42			※
差　　引　　計 (39)＋(40)±(41)＋(42)	43			外※
欠損金又は災害損失金等の当期控除額（別表七（一）「4の計」＋別表七（四）「10」）	44	△		※ △
総　　計 (43)＋(44)	45			外※
新鉱床探鉱費又は海外新鉱床探鉱費の特別控除額（別表十（三）「43」）	46	△		※ △
農業経営基盤強化準備金積立額の損金算入額（別表十二（十四）「10」）	47	△	△	
農用地等を取得した場合の圧縮額の損金算入額（別表十二（十四）「43の計」）	48	△	△	
関西国際空港用地整備準備金積立額、中部国際空港整備準備金積立額又は再投資等準備金積立額の損金算入額（別表十二（十一）「15」、別表十二（十二）「10」又は別表十二（十五）「12」）	49	△	△	
特別新事業開拓事業者に対し特定事業活動として出資をした場合の特別勘定繰入額の損金算入額又は特別勘定取崩額の益金算入額（別表十（六）「15」－「11」）	50			※
残余財産の確定の日の属する事業年度に係る事業税及び特別法人事業税の損金算入額	51	△	△	
所得金額又は欠損金額	52			外※

(3) 法人税申告書・別表五 (一) のひな型

<table>
<tr><td colspan="2">利益積立金額及び資本金等の額の計算に関する明細書</td><td>事業年度</td><td>・　・</td><td>法人名</td><td></td><td>別表五 (一)</td></tr>
</table>

	区　分		期首現在利益積立金額 ①	当期の増減 減 ②	当期の増減 増 ③	差引翌期首現在利益積立金額 ①-②+③ ④
利益準備金		1	円	円	円	円
積立金		2				
		3				
		4				
		5				
		6				
		7				
		8				
		9				
		10				
		11				
		12				
		13				
		14				
		15				
		16				
		17				
		18				
		19				
		20				
		21				
		22				
		23				
		24				
繰越損益金 (損は赤)		25				
納税充当金		26				
未納法人税等 (退職年金等積立金に対するものを除く。)	未納法人税及び未納地方法人税 (附帯税を除く。)	27	△	△	中間 △ / 確定 △	△
	未払通算税効果額 (附帯税の額に係る部分の金額を除く。)	28			中間 / 確定	
	未納道府県民税 (均等割額を含む。)	29	△	△	中間 △ / 確定 △	△
	未納市町村民税 (均等割額を含む。)	30	△	△	中間 △ / 確定 △	△
差引合計額		31				

II　資本金等の額の計算に関する明細書

区　分		期首現在資本金等の額 ①	当期の増減 減 ②	当期の増減 増 ③	差引翌期首現在資本金等の額 ①-②+③ ④
資本金又は出資金	32	円	円	円	円
資本準備金	33				
	34				
	35				
差引合計額	36				

御注意

この表は、通常の場合には次の算式により検算ができます。

期首現在利益積立金額合計「31」① + 別表四留保所得金額又は欠損金額「52」 − 中間分・確定分の通算税効果額の合計額 = 差引翌期首現在利益積立金額合計「31」④

期首現在利益積立金額合計「31」① + 別表四留保所得金額又は欠損金額「52」 − 中間分・確定分の法人税、道府県民税及び市町村民税の合計額

I　利益積立金額の計算に関する明細書

令四・四・一以後終了事業年度分

（4）法人税申告書・別表五（二）のひな型

| 租税公課の納付状況等に関する明細書 | | 事業年度 | ・　・ | 法人名 | | | | | 別表五（二）令四・四・一以後終了事業年度分 |

税　目　及　び　事　業　年　度				期首現在未納税額 ①	当期発生税額 ②	当 期 中 の 納 付 税 額			期末現在未納税額 ①＋②－③－④－⑤ ⑥
						充当金取崩しによる納付 ③	仮払経理による納付 ④	損金経理による納付 ⑤	
法人税及び地方法人税		・　・	1	円		円	円	円	円
		・　・	2						
	当期分	中　　間	3		円				
		確　　定	4						
		計	5						
道府県民税		・　・	6						
		・　・	7						
	当期分	中　　間	8						
		確　　定	9						
		計	10						
市町村民税		・　・	11						
		・　・	12						
	当期分	中　　間	13						
		確　　定	14						
		計	15						
事業税及び特別法人事業税		・　・	16						
		・　・	17						
	当　期　中　間　分		18						
		計	19						
そ　の　他	損金算入のもの	利　子　税	20						
		延　滞　金（延納に係るもの）	21						
			22						
			23						
	損金不算入のもの	加算税及び加算金	24						
		延　滞　税	25						
		延　滞　金（延納分を除く。）	26						
		過　怠　税	27						
			28						
			29						

納　税　充　当　金　の　計　算								
期　首　納　税　充　当　金	30	円	取崩額	そ の 他	損 金 算 入 の も の	36		円
繰入額	損金経理をした納税充当金	31				損 金 不 算 入 の も の	37	
		32				仮 払 税 金 消 却	38	
	計（31）＋（32）	33					39	
取崩額	法　人　税　額　等（5の③）＋（10の③）＋（15の③）	34				計（34）＋（35）＋（36）＋（37）＋（38）＋（39）	40	
	事業税及び特別法人事業税（19の③）	35		期 末 納 税 充 当 金（30）＋（33）－（40）			41	

通算法人の通算税効果額又は連結法人税個別帰属額及び連結地方法人税個別帰属額の発生状況等の明細							
事　　業　　年　　度		期首現在未決済額 ①	当期発生額 ②	当 期 中 の 決 済 額		期末現在未決済額 ⑤
				支　払　額 ③	受　取　額 ④	
・　・	42	円		円	円	円
・　・	43					
当　　期　　分	44		中間 円 確定			
計	45					

・・・・・・・・・・・・・・第3節　これだけはおさえよう！・・・・・・・・・・・・・・

1．確定申告書の提出は決算書作成よりも遅いというスケジュール上の関係
　　を把握し，決算作業を確定申告書提出より前に実施しなければならない
　　ことを正しく理解することが重要です。

2．決算書作成における税金計算について，①会計上の利益から法人税法上
　　の所得への調整計算，②所得をもとにした税額の計算，③税務上の税額
　　に基づく税金費用の計算のプロセスを正しく理解することが重要です。

3．税金計算の結果が，損益計算書や貸借対照表にどのように表示されてい
　　くかを正しく理解することが重要です。

4．四半期決算や中間決算における税金費用は，原則として年度決算と同様
　　の方法で計算しますが，簡便的な方法や特有の方法が認められています。

第2章
法人税の税務レビュー

　法人税額は，損益計算書で算出される当期純利益に，会計上の収益および費用と税法上の益金および損金との差異を調整することによって税法上の課税所得を算出し，これに税率を乗じることで求めます。

　法人税の税務レビューでは，法人税関連科目の期間比較分析に加え，会計と税務の調整を行う別表四などの法人税申告書の期間比較分析を行うことも効果的です。また，決算書と法人税申告書との間には関連性を有している項目が多いので，この関連性を利用して決算書と法人税申告書の整合性チェックを実施します。

　本章の最後では，法人税申告書における主な調整項目について，会計と税務にどのような差異があり，なぜ調整が必要となるのかについて説明します。

1．法人税の構成要素

　法人税にかかわる貸借対照表および損益計算書の税金関連勘定科目のレビューにあたり，法人税がどのような構成になっているのかについて解説します。

　法人税は原則として，損益計算書で算出される当期純利益をスタートとして，会計上の収益および費用と税法上の益金および損金との差異を調整することで税法上の課税所得を算出し，これに法人税率を乗じることで求めます。法人税は通常，貸借対照表では「未払法人税等」，損益計算書では「法人税，住民税及び事業税」に表示します。

$$\text{法人税額}=\left(\text{当期純利益}\pm\begin{array}{l}\text{会計上の収益と税務上の益金の差異}\\\text{会計上の費用と税務上の損金の差異}\end{array}\right)\times\text{法人税率}$$

　なお，住民税および事業税の税務レビューについては，第3章で説明します。

(1) 未払法人税等

　「法人税，住民税及び事業税」の当期発生額のうち，支払いが翌期以降となる部分を「未払法人税等」として貸借対照表の流動負債に表示します。原則として，前期の未払法人税等と当期税金費用（法人税，住民税，事業税，事業税の外形標準課税など）の合計から，当期の支払額（前期確定申告納付額と中間申告納付額）を差し引いた金額が，当期末の未納付額として「未払法人税等」となります。なお，借方残高になった場合には，原則として「未収法人税等」として流動資産に表示されます。

図表2-1　未払法人税等の内訳

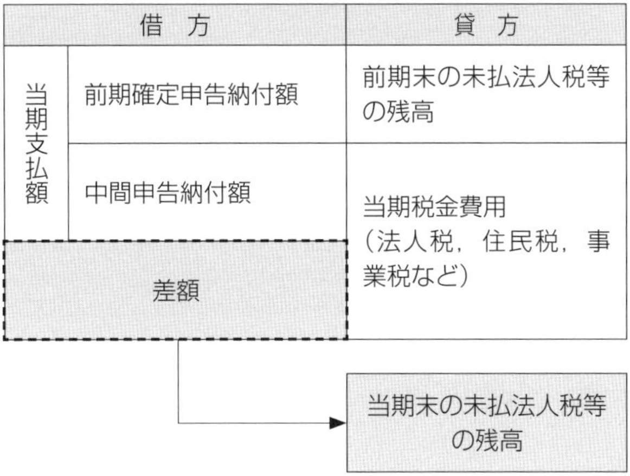

	借　方	貸　方
当期支払額	前期確定申告納付額	前期末の未払法人税等の残高
	中間申告納付額	当期税金費用（法人税，住民税，事業税など）
	差額	

当期末の未払法人税等の残高

(2) 法人税，住民税及び事業税

損益計算書に表示される「法人税，住民税及び事業税」は，主に次の項目によって構成されます。

図表2-2　法人税，住民税及び事業税の主な構成要素

確定および中間法人税
確定および中間都道府県民税
確定および中間市町村民税
確定および中間事業税（※1）
控除税額（※2）

※1　事業税のうち，外形標準課税はここに含まれず，原則として販売費及び一般管理費に表示する（法人税等会計基準10項）。

※2　受取配当金などに課せられる源泉所得税のうち，税額控除の適用を受けるものや，外国法人税のうち税額控除の適用を受けるものが含まれる（法人税等会計基準13項，14項）。

(3) 法人税等追徴税額および還付税額

　法人税等の更正，決定等による追徴税額および還付税額は，過年度遡及会計基準および適用指針に基づき処理します（過年度遡及会計基準55項）。これらが過去の誤謬に起因するものではない場合には，損益計算書上，「法人税，住民税及び事業税」の次に，「法人税等追徴税額」または「法人税等還付税額」等の科目をもって記載しますが，これらの金額の重要性が乏しい場合には「法人税，住民税及び事業税」に含めて表示することができます（法人税等会計基準15項）。

　したがって，期間比較分析などに追徴税額および還付税額がどのように影響するのかを理解することが大切です。

(4) 中間申告制度

　原則として事業年度が6ヵ月を超える普通法人は，事業年度開始の日以後6ヵ月を経過した日から2ヵ月以内に中間申告をしなければなりません。法人税の中間納付には，前年度実績による予定申告（法法71条）と，6ヵ月を1事業年度とみなして行う仮決算による中間申告（法法72条）の方法があります（「第1章第3節1(2)中間報告書の提出」参照）。図表2-1に記したように，中間申告納付額は未払法人税等の構成要素となっていることから，その影響を考慮することが大切です。

2．法人税のレビューポイント

　法人税の税務レビューにおける，「期間比較分析」や「決算書と法人税申告書の整合性チェック」の概要について検討します。なお，分析および整合性チェックの内容の詳細については，それぞれ第3節および第4節において解説します。

(1) 期間比較分析

①決算書項目の分析

　図表2-1の未払法人税等の内訳や図表2-2の「法人税，住民税及び事業税」の構成要素に示したように，各勘定科目は複数の要素によって構成されています。それらの構成要素から導き出される主なレビューポイントは次のようになります。

- 未払法人税等のうち法人税部分について，法人税の当期発生額および中間納付法人税額の分析
- 法人税の当期発生額について，税引前当期純利益との関係の理解
- 中間納付法人税額について，前期の法人税額または中間納付基準日時点の当期純利益との関係の理解

②法人税申告書の分析

　法人税申告書別表四について，減価償却費，交際費，受取配当金，貸倒引当金など，税務上代表的な調整項目の期間比較を行い，事業活動の動向との整合性を確かめることがポイントです。

　また，法人税申告書別表一（一）については，所得金額と法人税額の関係や，法人税額特別控除額，控除税額の状況を理解することがポイントです。

(2) 決算書と法人税申告書の整合性チェック

　決算書の法人税関連科目は，法人税申告書と密接に関係していることから，決算書と法人税申告書との整合性をチェックすることによって，決算書への計上額の妥当性を確認することができると考えられます。法人税申告書別表一（一）では法人税額の算出を行いますので，「法人税，住民税及び事業税」のうち法人税の当期計上額と整合することとなります。また，法人税申告書別表四は，会計上の当期純利益から課税所得への調整過程を明らかにするものであることから，税務上の調整項目は関連する決算書の科目と整合します。さらに，法人税申告書別表五（一）は利益積立金額の計算に関する

明細書であり，その中の貸借対照表の未払法人税等の増減を示す部分については，貸借対照表の未払法人税等と整合します。

　このように，法人税申告書と決算書がどのような関連を有するのかを理解することがポイントです。詳しくは，「第1章第3節3　会計上の税金費用の計算の仕組み」をご参照ください。

(3) 会計と税務の差異に関する理解

　会計上の収益・費用と税務上の益金・損金には差異があります。この差異は課税所得を算出する法人税申告書別表四において，当期純利益を起点に調整を行っています。この税務調整項目のうち主要なものに焦点をあて，なぜ税務調整が必要となるのかについて理解します。

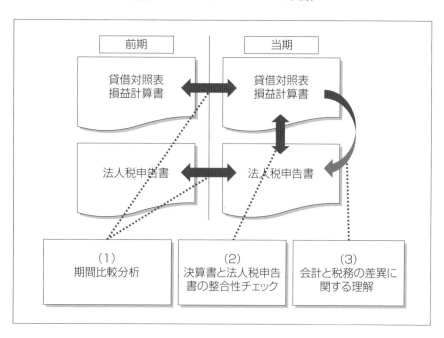

図表 2-3　レビューポイント図解

チェックリスト

　法人税のレビューにあたり，事前に知っておくと効果的な情報に関する事項と，税務レビューのために直接的に必要な事項についてまとめると，次のとおりです。

No.	チェック項目	確認欄
1	法人税に係る会計処理に関する根拠資料を，担当者から入手したか。	
2	経理規程・マニュアル等の閲覧により，法人税に関して採用している会計方針を理解したか。	
3	法人税に関する会計方針について，変更の有無を確認したか。変更がある場合には内容を把握したか。	
4	税務当局との重要な見解の相違があるか。該当がある場合には会計処理上の対応を検討したか。	
5 ☆	法人税に関連する決算書の勘定科目について，前期数値と当期数値を比較し，その増減理由等を把握したか。また，事業活動と整合していることを理解したか。	
6	期末に計上している未払法人税等の貸借対照表残高には，前期以前から滞留しているものが含まれていないことを確かめたか。	
7	決算書の関連科目と法人税申告書別表一（一），四，五（一）との整合を確かめたか。	
8 ☆	法人税申告書別表四における調整項目が，網羅的に記載されていることを確かめたか。	

☆：各節末に記載の「これだけはおさえよう！」に対応している。

第2節　法人税関連科目の期間比較分析

　法人税関連科目の税務レビューとして，法人税関連科目および法人税申告書の期間比較分析を行うことが効果的です。期間比較分析により各勘定科目の増減が何を意味するかを把握し，それが合理的なものかについての結論を得ることで，当該科目の妥当性を確認します。

　法人税関連科目および影響する代表的な科目について抜粋した貸借対照表と損益計算書を次に示します。

図表2-4　貸借対照表

科目	前期	当期	科目	前期	当期
（資産の部） …			（負債の部） 未払法人税等	1,510	620

図表2-5　損益計算書

科目	前期	当期
売上高	52,000	54,000
売上原価	40,000	42,000
売上総利益	12,000	12,000
給与手当	2,300	3,090
役員賞与	200	210
減価償却費	2,500	2,700
交際費	300	400
貸倒引当金繰入	50	100
賞与引当金繰入	640	700
支払家賃	700	700
租税公課	50	60
その他	1,260	490
販売費及び一般管理費	8,000	8,450
営業利益	4,000	3,550
受取配当金	1,300	1,000
受取利息	300	300
受取家賃	500	500
その他	500	1,400
営業外収益	2,600	3,200
支払利息	400	500
その他	100	50
営業外費用	500	550
経常利益	6,100	6,200
特別利益	0	0
株式評価損	0	500
減損損失	300	200
特別損失	300	700
税引前当期純利益	5,800	5,500
法人税，住民税および事業税	2,170	1,910
法人税等調整額	630	890
当期純利益	3,000	2,700

第2章
法人税

1．決算書の期間比較分析

　貸借対照表，損益計算書の代表的な法人税関連科目の期間比較を行い，増減内容について会社の経営環境等に照らして合理的なものであるかどうかを分析します。

図表2-6　増減分析表

貸借対照表科目	前期末	当期1Q末	当期2Q末	当期3Q末	当期末	対前期末増減額	対前期末増減率
未払法人税等	1,510	240	710	200	620	△ 890	△ 58.9%
内，法人税の未払額	1,000	140	430	70	330	△ 670	△ 67.0%

損益計算書科目	前期末	当期1Q累計	当期2Q累計	当期3Q累計	当期末	対前期末増減額	対前期末増減率
税引前当期純利益	5,800	1,000	2,600	4,000	5,500	△ 300	△ 5.2%
法人税，住民税及び事業税	2,170	340	900	1,400	1,910	△ 260	△ 12.0%
内，法人税	1,200	140	430	670	930	△ 270	△ 22.5%

(1) 法人税の未払額の増減分析

　未払法人税等は，図表2-1のように当期の税金費用により増加し，税金の支払いによって減少します。図表2-6によると損益計算書の法人税が270減少しているのに対して，貸借対照表の法人税の未払額は670減少しています。これらが，利益の増減や税務調整項目の増減との関連において合理的であるかどうかを検討します。なお，法人税の未払額の増減推移は図表2-7に示すとおりです。

①税金発生額の影響

　増減分析表（図表2-6）によると，法人税の発生額は，前期1,200に対し

て当期930であり，270減少しています。これは，税引前当期純利益が300減少していることが主な要因であり，両者はおおむね連動していると考えられます。なお，法人税額と当期純利益の関係については，後述の（3）①をご参照ください。

②中間納付額の影響

　法人税の未払額の推移比較（図表2-7）によると，中間納付額は前期200に対して当期600であり400増加しています。中間納付額は，前年度実績による予定申告を行っている場合，当期の税金発生額と連動しません。前期の中間納付200は前々期の税金発生額の，当期の中間納付額600は前期の税金発生額の影響を受けています。すなわち，税金発生額が前々期に比べて前期の方が多かったため，中間納付額も前期に比べて当期の方が多くなったものと考えられます。

　また，仮決算による中間申告を行っている場合には，上半期の税金発生額が前期に比べて当期の方が多かった，すなわち利益水準が当期の上半期の方が好調であったと考えられます。

図表2-7　法人税の未払額の推移比較

		前期	当期
期首残高		1,200	1,000
前期確定申告納付額		△ 1,200	△ 1,000
期中発生額	1Q	300	140
	2Q	300	290
	3Q	300	240
	4Q	300	260
	小計	1,200	930
中間納付額		△ 200	△ 600
期末残高		1,000	330

図表2-8　前年度実績による予定申告の場合

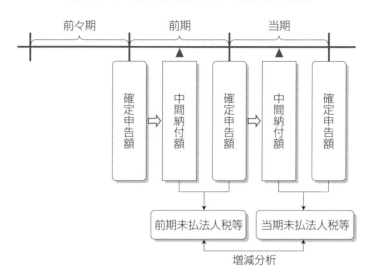

(2) 法人税の未払額の四半期比較分析

　増減分析表（図表2-6）によると，法人税の未払額は，第1四半期，第2四半期と増加していますが，第3四半期には減少しています。これは，法人税の中間申告制度の影響です。中間申告・納付は原則として，事業年度開始の日以後6ヵ月を経過した日から2ヵ月以内に申告・納付しなければなりません（法法71条，76条）。したがって，中間納付は第3四半期に行われるため，第3四半期の法人税の未払額の残高が減少しています。中間申告を行わなければならない会社の場合に，第3四半期の法人税の未払額が減少していないときは，次のようなことが考えられます。

- 中間納付を仮払勘定で処理したが，未払法人税等との相殺を行っていない
- 中間申告を失念している

図表2-9　法人税，法人税の未払額の四半期推移

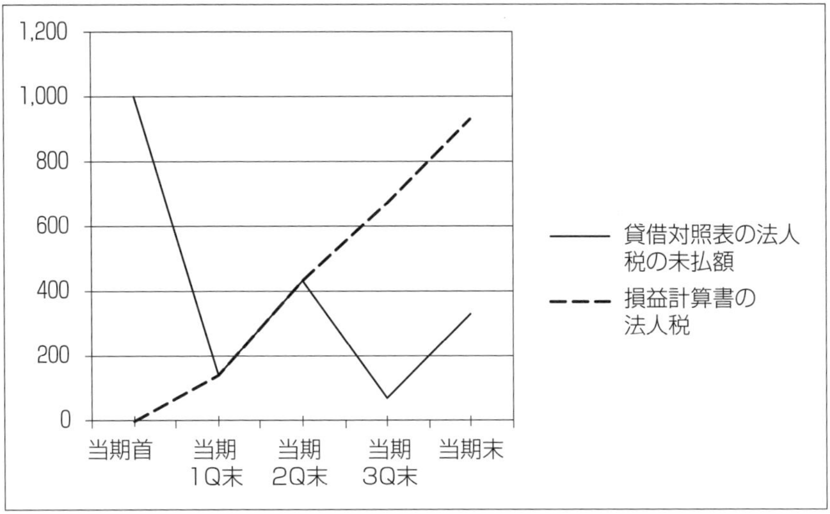

(3) 損益計算書における法人税の年度比較分析

①税引前当期純利益との関係

　増減分析表（図表2-6）によると，税引前当期純利益は前期末と比較して5.2%減少しているのに対して，法人税は22.5%減少しています。

　法人税は，決算書の税引前当期純利益に税務上の加減算項目を調整して算出した課税所得に税率を乗じた後，いくつかの税額控除を行って算出します。したがって，図表2-6のように，税引前当期純利益の増加率と法人税額の増加率に乖離が認められる場合には，次のような要因が考えられます。

図表 2 -10　法人税額の変動要因

法人税申告書	項目	変動要因
別表四	繰越欠損金の存在	税務上の繰越欠損金の影響【後述②（ア）】
	加減算項目のバランス	税引前当期純損益と加減算項目の差額のバランスの影響【後述②（イ）】
	加減算項目の変動	各加減算項目に関連する取引事象の発生または変動【後述②（ウ）】
別表一（一）	租税特別措置法上の特別控除	試験研究費の総額が変動した場合に，それに係る控除額の変動など
	所得税額等の控除	所得税額や外国税額の変動に伴う，控除額の変動

　なお，法人税申告書別表一（一）による影響要因については，「2(2) 法人税申告書別表一（一）に関する期間比較分析」をご参照ください。

②法人税申告書別表四による影響要因

　期間比較分析を行うにあたり，税引前当期純利益に加減算する項目（永久差異や一時差異）に大きな変動がない場合には，税率に変更がなければ法人税と税引前当期純利益の関係は各期で同じような割合を示すと考えられます。しかし，前述のように法人税と税引前当期純利益の関係に影響を及ぼす特殊な要因があるため留意が必要です。ここでは，法人税申告書別表四に関する主な影響要因について説明します。

（ア）税務上の繰越欠損金の存在

　前期以前に発生した税務上の繰越欠損金を当期の課税所得から控除した場合は，たとえ税引前当期純利益が計上されていたとしても，法人税が計上されないか，または極端に少なくなることが考えられます。

（イ）税引前当期純損益と加減算項目の差額のバランス

　税務上の加算項目と減算項目の金額が大きく相違し，その差額が税引前当期純利益よりも大きい場合には，税引前当期純利益が計上されていても課税所得が発生せず法人税がゼロになったり（図表2-11例1），反対に税引前当期純損失であるにもかかわらず，課税所得が発生し法人税が計上されたり（図表2-11例2）することがあります。

図表2-11　税引前当期純利益と加減算項目のバランスの影響

	例1	例2
税引前当期純利益	100	△ 100
加算項目	10	150
減算項目	△ 150	△ 10
課税所得	△ 40	40

（ウ）当期に多額の加減算項目の発生

　当期の加減算項目に，例年にはない多額の項目が発生した場合には，税引前当期純利益と法人税の関係が前期と大きく異なることになります（詳細については（4）で説明します）。

図表2-12　法人税額への影響項目

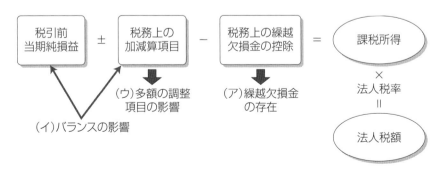

(4) 異常な増減が予想されるケース

　例として，前述の（3）②（ウ）で説明した，当期に多額の加減算項目が発生した場合の，法人税への影響について検討します。

①前提

　当期に固定資産の減損損失を2,000計上したとします。それ以外の状況は，前期と当期で同じと仮定します。

図表 2 -13　増減分析表

損益計算書項目	前期末	当期末	増減額	増減率
税引前当期純利益	6,000	4,000	△2,000	△33.3%
法人税，住民税及び事業税	2,400	2,400	－	－
内，法人税	1,800	1,800	－	－

②増減要因の把握

　当期末は固定資産の減損損失を2,000計上したため，税引前当期純利益は4,000となり，前期末と比較しても減損損失計上分2,000の減少（△33.3%）となりましたが，法人税は増減しておらず両者の状況は乖離しています。

③期間比較分析

　当期末に計上した固定資産の減損損失は，固定資産の評価損であり，税務上は原則として損金に算入できません。その結果，会計上の税引前当期純利益の増減率と法人税の増減率が整合しないことになります。

　固定資産の減損損失のほかに，会計上は損失として計上されますが同事業年度に税務上損金とならないものとして，棚卸資産評価損，資産除去債務，減価償却限度超過額，投資有価証券評価損などが考えられます。主に会計上で見積りを行って損益計算書に計上する勘定科目が該当する可能性があるため注意が必要です。

2．法人税申告書の期間比較分析

(1) 法人税申告書別表四に関する期間比較分析

　法人税申告書別表四によって算定される課税所得と当期純利益の関係は，次のように整理することができます。

　所得金額算定における加減算項目について，前期との比較を行い，増減内容が合理的であること，貸借対照表または損益計算書と整合していることを確認することによって，決算書の税務レビューを補完します。図表2-16に示す法人税申告書の主な増減項目について検討します。

当期純利益
（＋）会計上は収益とならないが税務上は益金となる
（＋）会計上は費用となるが税務上は損金でない
（－）会計上は収益となるが税務上は益金でない
（－）会計上は費用とならないが税務上は損金となる
――――――
課税所得

図表2-14　貸借対照表

科目	前期	当期	科目	前期	当期
（資産の部） ・・・			（負債の部） 未払法人税等		1,510	620
貸倒引当金（流動）	△300	△400	賞与引当金	640	700
			退職給付引当金	2,100	2,200

図表 2 -15　損益計算書

科目	前期	当期
売上高	52,000	54,000
売上原価	40,000	42,000
売上総利益	12,000	12,000
給与手当	2,300	3,090
役員賞与	200	210
減価償却費	2,500	2,700
交際費	300	400
貸倒引当金繰入	50	100
賞与引当金繰入	640	700
支払家賃	700	700
租税公課	50	60
その他	1,260	490
販売費及び一般管理費	8,000	8,450
営業利益	4,000	3,550
受取配当金	1,300	1,000
受取利息	300	300
受取家賃	500	500
その他	500	1,400
営業外収益	2,600	3,200
支払利息	400	500
その他	100	50
営業外費用	500	550
経常利益	6,100	6,200
特別利益	0	0
株式評価損	0	500
減損損失	300	200
特別損失	300	700
税引前当期純利益	5,800	5,500
法人税，住民税および事業税	2,170	1,910
法人税等調整額	630	890
当期純利益	3,000	2,700

図表2-16　法人税申告書別表四の期間比較表

区分			前期	当期	増減額	増減率
当期利益又は当期欠損の額			3,000	2,700	△ 300	△ 10.0%
加算	×××		××	××	××	××
	減価償却超過額	①	100	110	10	10.0%
	貸倒引当金損金不算入	⑦	50	100	50	100.0%
	賞与引当金否認	⑦	640	700	60	9.4%
	退職給付引当金否認	⑦	2,100	2,200	100	4.8%
	役員賞与の損金不算入額	②	200	210	10	5.0%
	交際費等の損金不算入額	③	300	400	100	33.3%
	株式評価損否認	⑤	0	500	500	−
	減損損失否認	⑥	300	0	△ 300	△ 100.0%
	×××		××	××	××	××
	小計		××	××	××	××
減算	減価償却超過額の当期認容額	①	105	100	△ 5	△ 4.8%
	納税充当金から支出した事業税等の金額		××	××	××	××
	受取配当の益金不算入額	④	1,000	800	△ 200	△ 20.0%
	賞与引当金認容	⑦	650	640	△ 10	△ 1.5%
	退職給付引当金認容	⑦	2,000	2,100	100	5.0%
	減損損失認容	⑥	0	300	300	−
	×××		××	××	××	××
	小計		××	××	××	××
仮計			××	××	××	××
×××			××	××	××	××
法人税額から控除される所得税額			100	100	0	0.0%
税額控除の対象となる外国法人税の額等			200	250	50	25.0%
合計			6,500	6,200	△ 300	△ 4.6%
×××			××	××	××	××
差引計			6,500	6,200	△ 300	△ 4.6%
×××			××	××	××	××
所得金額又は欠損金額			6,500	6,200	△ 300	△ 4.6%

丸数字は解説項目番号を示している。

①減価償却超過額

　損益計算書に計上された減価償却費のうち，税務上の減価償却限度額を超える額は，法人税申告書別表四において「減価償却超過額」として加算します。

第2章　法人税

63

　会計上は，当該固定資産の使用実態に即して，減価償却方法（定額法，定率法など），耐用年数，残存価額を決定して，減価償却計算が行われます。

　一方，税務上は，税法において定められた減価償却方法，耐用年数，残存価額によって減価償却限度額の計算が行われます。この両者の計算目的の違いによって，会計上の減価償却費が税務上の減価償却限度額を超過した場合に，減価償却超過額が発生します。

　法人税申告書別表四（図表2-16）の減価償却に関する加算項目と減算項目は次のようになっています。

図表2-17　減価償却に関する加減算項目

加減算項目	前期	当期	増減
A　（加算）減価償却超過額	100	110	10
B　（減算）減価償却超過額の当期認容額	105	100	△5
C　A－B	△5	＋10	＋5

　なお，会計上と税務上の減価償却費の差は，計上するタイミングの差であり，両者ともいずれは残存価額まで償却が行われます。ここでは，前期の減価償却超過額を当期に減算認容する洗替えによって，法人税申告書別表四を作成しています。したがって，加算額と減算額を相殺した額が当期の純額での税務調整額となります。

　新たに購入した固定資産がないかぎり，減価償却費は前期の計上額以下となりますが，当期の減価償却超過額の純額は増加しています。これは，損益計算書（図表2-15）の減価償却費が，前期2,500から当期2,700と200（8.0％）増加しており，そのうち一部について，会計上の減価償却費が税務上の減価償却限度額を超過しているため，減価償却超過額が増加したものと考えられます。この増加の適切性を確認するためには，新規に取得した固定資産の減価償却計算に用いられた各計算要素（減価償却方法，耐用年数，残存価額など）と税務上の計算要素の相違を確認する必要があります。

②役員賞与の損金不算入額

　役員賞与は，会計上発生した会計期間の費用として決算書に計上されます（役員賞与会計基準3項）が，税務上は，あらかじめ定められた支給基準によって，定期同額の支払いが行われる報酬などを除き，全額損金不算入となります（法法34条）。

　したがって，全額損金不算入の場合，法人税申告書別表四（図表2-16）における，当期の役員賞与の損金不算入額210およびその増加額10は，損益計算書（図表2-15）の役員賞与計上額（「役員賞与引当金繰入」勘定の場合もある），およびその増減額と一致することとなります。

　この場合，損金不算入となった役員賞与は，最終的に減算認容されるものではない社外流出項目ですので，法人税申告書別表四においても，当期の発生額が税務上加算されるのみとなります。

　また，法人税申告書別表四に加算していない場合，または前期加算分を当期に減算認容したままになっている場合は，税務上の損金算入要件を満たしていることを確かめることが重要です。

図表2-18　役員賞与の法人税申告書別表四への記載の要否

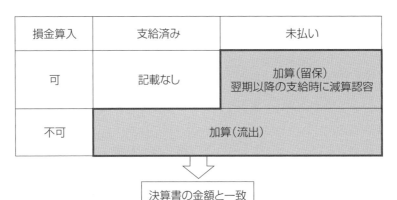

損金算入	支給済み	未払い
可	記載なし	加算(留保)　翌期以降の支給時に減算認容
不可	加算(流出)	

決算書の金額と一致

第2章　法人税

③交際費等の損金不算入額

　交際費等とは，得意先，仕入先その他事業に関係のある者等に対する接待，贈答などに関して発生した費用です。決算書においては，主に「交際費」勘定に計上されています。税務上は，資本金の額等により損金不算入額が次のように定められています（措置法61条の４）。

（ア）資本金の額等が100億円超の会社

　交際費等の額は全額損金不算入となります。

（イ）資本金の額等が１億円超，100億円以下の会社

　交際費等の額のうち，飲食のために支出する費用の額の50％を損金算入することができますが，それ以外の交際費については損金不算入となります。前期との比較において大きな変動があった場合には，損益計算書に計上している交際費等の傾向を確かめることによって，加算漏れなどに気付くことが考えられます。ただし，損益計算書に計上している会計上の交際費は，その取引実態にあわせて「寄附金」，「広告宣伝費」，「会議費」等に計上している場合がありますので注意が必要です。

（ウ）資本金の額等が１億円以下の会社

　上記（イ）と，交際費等のうち800万円までが損金算入できる特例との選択適用となります。当該特例については，時限的に認められているものであるため，該当年度において適用されているかを理解することも重要です。法人税申告書別表四における損金不算入額の期間比較にあたっては，どちらの方法を選択適用しているかを理解することが重要です。

図表2-19　交際費等の損金不算入額

資本金等の額	損金不算入額
100億円超	全額
1億円超 100億円以下	交際費等－飲食のために支出する費用の50%
1億円以下	次の選択適用 ①交際費等－飲食のために支出する費用の50% ②交際費等－800万円

④受取配当金の益金不算入額

　受取配当金は，会計上，配当金が確定した期の収益として計上されます。税務上は，受取配当金の全部または一部は，課税所得の計算上，益金に算入されません（法法23条）。そのため，損益計算書の受取配当金の全部または一部が法人税申告書別表四の益金不算入に計上されます。

　これは，配当金は配当する法人において，すでに課税済みの利益を原資としているため，その会社が株主へ支払う配当金について受け取った側で法人税が課せられると，二重に税金が課せられることとなり，課税の公平性に反することが理由です。

　法人税申告書別表四（図表2-16）では，受取配当金の益金不算入額が200減少しているのに対し，損益計算書（図表2-15）では300減少しており，傾向は整合しています。このように法人税申告書別表四における増減は損益計算書の増減と同じ傾向を表すので，大きな変動があった場合は損益計算書を確かめることによって，減算漏れなどに気付くことが考えられます。

⑤株式評価損

　会計上，投資有価証券などの時価または実質価額が著しく下落したときには，原則として簿価を減額しなければなりません（金融商品会計基準20項，21項）。一方，税務上は一定の要件のもと，損金算入が可能ですが評価損の

損金算入が認められないケースもあります。詳しくは「第4節2(3)」をご参照ください。

　法人税申告書別表四（図表2-16）において，当期は株式評価損否認を500計上していますが，前期はゼロです。この場合，前期は会計上評価損を計上したけれど税務上損金算入されたのか，または，株式評価損がなかったのか等の視点をもって損益計算書を確かめると，加算漏れや過大な加算に気付くことが考えられます。

図表2-20　株式評価損の税務処理

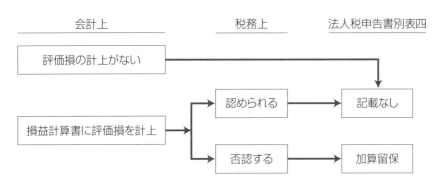

⑥減損損失

　会計上の固定資産の減損とは，資産の収益性の低下により投資額の回収が見込めなくなった状態であり，このような場合に減損損失が計上されます（減損意見書三・3）。一方税務上は，次の場合にかぎり固定資産の評価損の損金算入が認められます（法令68条1項3号）。

・災害により著しく損傷したこと

・一年以上にわたり遊休状態にあること

・本来の用途に使用できず他の用途に使用されたこと

・資産の所在する場所の状況が著しく変化したこと

・上記に準ずる特別の事由

　法人税申告書別表四（図表2-16）の加算項目において，前期は減損損失否認が300，当期はゼロとなっていて，当期の減算項目には減損損失容認300が計上されています。これは，前期は税務上評価損として認められる状態になかったが，当期に固定資産を撤去したなど，税務上評価損として認められるような事象が生じたと考えられます。

　また，当期の損益計算書において減損損失200が計上されていますが，法人税申告書別表四での加算はありません。このことから，当該減損損失は，税務上も評価損として損金算入が認められる事由によって発生したものと考えられます。

⑦貸倒引当金，賞与引当金，退職給付引当金

　貸倒引当金は，会計上，売上債権等の貸倒れによる損失に備えるため，一般債権については貸倒実績率等により，貸倒懸念債権および破産更生債権等については個別に回収可能性を勘案し，回収不能見込額を引当金として計上する必要があります（金融商品会計基準28項）。一方税務上，資本金が1億円超の普通法人は貸倒引当金繰入額を損金に算入できません（法法52条）。したがって，法人税申告書別表四（図表2-16）の貸倒引当金の当期の損金不算入額100およびその増加額50は，損益計算書（図表2-15）の貸倒引当金繰入額およびその増加額と一致しています。また，貸借対照表の貸倒引当金が300から400と100増加しており，図表2-16の法人税申告書別表四の貸倒引当金の損金不算入額100と一致していると考えられます。

　なお，同様の税務調整を行うものに，賞与引当金と退職給付引当金があります。会計上，賞与引当金は従業員に対して支給する賞与の支出に備えるため，将来の賞与支給見込額のうち決算期末に負担すべき額を計上します。また，退職給付引当金は従業員の退職給付に備えるため，決算期末における退職給付債務および年金資産の見込額に基づき算出された額を計上します。

　賞与引当金，退職給付引当金も，税務上損金算入が認められていませんので，法人税申告書別表四の増減と決算書の関係は，貸倒引当金と同じように

なります。

(2) 法人税申告書別表一（一）に関する期間比較分析

　法人税申告書別表一（一）では，法人税申告書別表四で算定された所得金額から法人税額を算定し，税額控除等を行って，最終的に納付すべき年間の

図表2-21　法人税申告書別表一（一）の増減分析表

区分		前期	当期	増減額	増減率
所得金額又は欠損金額	1	6,500	6,200	△ 300	△ 4.6%
法人税額　　　　　　　　1×税率	2	1,658	1,581	△ 77	△ 4.6%
法人税額特別控除額（試験研究費控除）	3	150	300	150	100.0%
差引法人税額　　　　　　　2－3	4	1,508	1,281	△ 227	△ 15.1%
××××		××	××	××	××
法人税額計	6	1,500	1,280	△ 220	△ 14.7%
控除税額	7	300	350	50	16.7%
差引所得に対する法人税額　　6－7	8	1,200	930	△ 270	△ 22.5%
中間申告分の法人税額	9	200	600	400	200.0%
差引確定法人税額　　　　　8－9	10	1,000	330	△ 670	△ 67.0%

区分		前期	当期	増減額	増減率
課税標準法人税額　　　　　　6	11	1,500	1,280	△ 220	△ 14.7%
地方法人税額　　　　　　11×税率	12	155	132	△ 23	△ 14.8%
控除額	13	0	0	0	0.0%
差引地方法人税額　　　　12-13	14	155	132	△ 23	△ 14.8%
中間申告分の地方法人税額	15	20	70	50	250.0%
差引確定地方法人税額　　　14-15	16	135	62	△ 73	△ 54.1%

控除税額			前期	当期	増減額	増減率
	所得税の額等	17	100	100	0	0.0%
	外国税額	18	200	250	50	25.0%
	計　　　　　17+18	19	300	350	50	16.7%
	控除した金額	20	300	350	50	16.7%

図表2-22　主な税額控除

根拠条文等	税額控除
措置法42条の4第1項	試験研究費の総額に係る特別控除
措置法42条の4第6項	中小企業技術基盤強化税制
措置法42条の4第7項	特別試験研究費に係る税額控除
措置法42条の4第9項	試験研究費の額が増加した場合に係る税額控除
措置法42条の6	中小企業等投資促進税制
措置法42条の12	地方活力向上地域等において雇用者の数が増加した場合の法人税額の特別控除
措置法42条の12の5	賃上げ等の促進に係る税制

第2章
法人税

法人税額（差引所得に対する法人税額）が決まり，そこから中間申告分の法人税額を差し引いた結果，確定申告時に納付すべき法人税額（差引確定法人税額）が算定されます。

法人税申告書別表一（一）における増減内容を分析することによって，損益計算書の法人税額の誤りに気付くことが考えられます。

①法人税額特別控除額の増減分析

法人税額特別控除額は，租税特別措置法において，特定の項目について法人税額から控除することができる金額であり，法人税申告書別表一（一）においては，主に政策的な目的による税額控除が計上されます。主な税額控除は図表2-22のとおりです。

当該税額控除額が増減している場合には，各項目の背景となっている経営環境の変化との関連を確かめることが重要です。例えば，研究開発を重視するための組織変更に伴い，経営資源配分に変更があった場合などは，「試験研究費に係る特別控除」の金額が増加することが考えられます。また，経営環境の変化との関連が思い当たらないにもかかわらず控除税額が減少している場合には，計上漏れであることも考えられます。

②控除税額の増減分析

　法人税申告書別表一（一）において，控除税額は前期300，当期350であり，50増加しています。これは法人税申告書別表四（図表2-16）の「法人税額から控除される所得税額」と「税額控除の対象となる外国法人税額等」により分解でき，外国税額控除が50増加しています。例えば，外国子会社からの受取配当金が前期に比べて増加したり，在外支店を新設したりしたことが考えられます。

③控除税額の概要

（ア）仮装経理に基づく過大申告の更正に伴う控除

　仮装経理（架空売上など事実を仮装した経理）によって過年度に過大に納付された法人税額は，減額更正が行われても直ちに還付されるわけではなく，更正年度以後5年間の法人税額から税額控除することとされています（法法70条1項，135条3項）。ただし，その更正年度の前年度に納付法人税額がある場合には，その分は還付されます（法法135条2項）。

図表2-23　所得税額控除

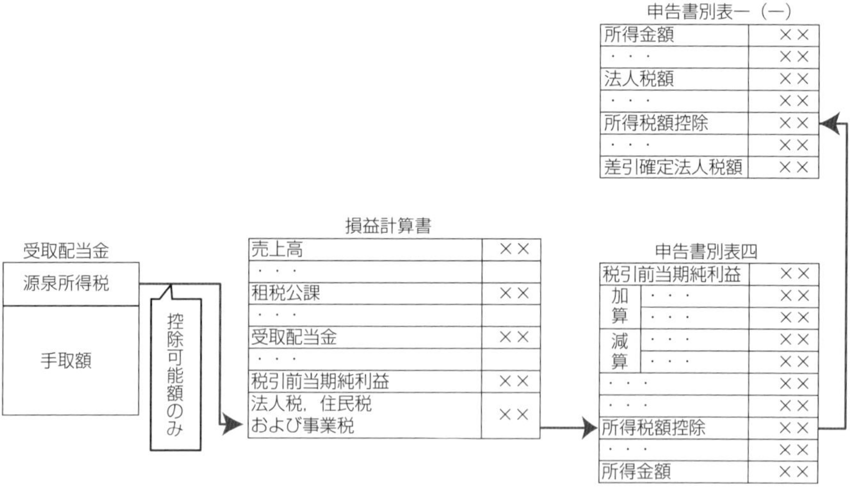

（イ）所得税額控除

　所得税額控除は，法人が支払いを受ける利子等，配当等，給付補てん金，賞金などに係る所得税の額の全額を対象としています。ただし，公社債の利子，剰余金の配当もしくは剰余金の分配などに係る所得税の額については，元本の所有期間に対応する部分の額のみが所得税額控除の対象になります。

　所得税額控除の適用を受ける場合（法法68条）は，まず課税所得計算上，法人税申告書別表四において損金不算入として加算します。法人税申告書別表四において加算した金額を，法人税申告書別表一（一）において，法人税額から控除します。

（ウ）外国税額控除

　外国税額控除は，法人が国外の支店などで外国税を支払った場合，または外国法人から受け取った配当金につき外国税が徴収された場合に，その外国税と日本において課せられる税金との二重課税を排除する目的で制定されたものです。

　外国税額控除の適用を受ける場合（法法69条）は，徴収された外国税が費用として当期純利益に含まれているため，課税所得計算上は，法人税申告書別表四において損金不算入として加算します。法人税申告書別表四において加算した金額を法人税申告書別表一（一）において，法人税額から控除します。

第2章　法人税

・・・・・・・・・・・・第2節　これだけはおさえよう！・・・・・・・・・・・・・

1．決算書の期間比較分析

　未払法人税等を構成している当期税金費用と中間申告納付額の発生状況
を理解して，当期の増減内容に照らしてレビューします。

2．法人税申告書別表四の期間比較分析

　会計上の当期純利益に対して，税務上加減算調整する項目について，そ
の理由を把握し，当期の増減に照らしてレビューします。

3．法人税申告書別表一（一）の期間比較分析

　法人税申告書別表四で算出した法人税額から控除する項目があります。
その内容を理解し，当期の増減に照らしてレビューします。

第3節　決算書と法人税申告書の整合性チェック

1．決算書と法人税申告書の概要

(1) 法人税申告書の種類

　法人税申告書には，主に次のような種類がありますが，本書では，星印（★）の申告書について，決算書との対応関係を理解し，整合性チェックに役立つように解説します。

図表 2-24　法人税申告書（別表）の主な種類

	番号	別表の種類
★	1（1）	各事業年度の所得に係る申告書
★	4	所得の金額の計算に関する明細書
★	5（1）	利益積立金額及び資本金等の額の計算に関する明細書
★	5（2）	租税公課の納付状況等に関する明細書
	6（1）	所得税額の控除に関する明細書
	8（1）	受取配当等の益金不算入に関する明細書
	11（1）	個別評価金銭債権に係る貸倒引当金の損金算入に関する明細書
	11（1の2）	一括評価金銭債権に係る貸倒引当金の損金算入に関する明細書
	15	交際費等の損金算入に関する明細書
	16（1）	旧定額法又は定額法による減価償却資産の償却額の計算に関する明細書
	16（2）	旧定率法又は定率法による減価償却資産の償却額の計算に関する明細書

※実際の別表の番号は漢数字が使用されているが，簡便的にアラビア数字にしている。

(2) 決算書と法人税申告書の主な対応関係

貸借対照表および損益計算書と，法人税申告書の対応の流れは，次のとおりです。

図表2-25　決算書と法人税申告書の対応のイメージ図

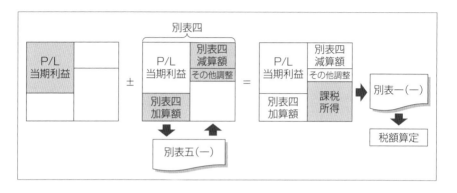

また，貸借対照表および損益計算書の各科目と，法人税申告書の記載項目
の対応関係は，次のとおりです。

図表 2-26　決算書と法人税申告書の対応表

決算書			対応関係	法人税申告書		
区分	科目	金額		金額	記載項目	対応関係
【貸借対照表】				【別表一(一)】		
(資産の部)						
				326,000	差引所得に対する法人税額	E₁
				3,000	控除税額	E₂
				34,000	差引地方法人税額	E₃
(負債の部)	未払法人税等	282,300	A	【別表四】		F
	(内訳)		B	824,500	当期利益又は当期欠損の額	
	未払法人税	200,000				
	未払住民税	XXX		81,000	賞与引当金繰入否認額	D
	未払事業税	XXX		△78,000	賞与引当金繰入当期認容額	
			C			
(純資産の部)	繰越利益剰余金	804,000				
				【別表五(一)】		A
				282,300	納税充当金(翌期繰越額)	
【損益計算書】			D	200,000	未納法人税及び未納地方法人税(翌期繰越額)	B
	賞与引当金繰入額	81,000		△78,000	賞与引当金(減)	
				81,000	賞与引当金(増)	
	法人税,住民税及び事業税	492,000	E₁+E₂+E₃			
	(内訳)			804,000	繰越損益金(損は△)	C
	法人税	363,000				
	住民税	XXX				
	事業税	XXX				
	当期純利益	824,500	F			

表中の アルファベット	決算書	法人税申告書
Ａ	【貸借対照表】 　未払法人税等	【別表五（一）】 　納税充当金の翌期繰越額
Ｂ	【貸借対照表】 　未払法人税等に含まれる法人税の未払額	【別表五（一）】 　未納法人税及び未納地方法人税の 翌期繰越額
Ｃ	【貸借対照表】 　繰越利益剰余金	【別表五（一）】 　繰越損益金の翌期繰越額
Ｄ	【損益計算書】 　賞与引当金繰入額 　（売上原価に計上された金額も含む）	【別表四】 　賞与引当金繰入否認額
Ｅ	【損益計算書】 　法人税，住民税及び事業税に含まれる 法人税の計上額	【別表一（一）】 　差引所得に対する法人税額 　＋控除税額 　＋差引地方法人税額
Ｆ	【損益計算書】 　当期純利益	【別表四】 　当期利益又は当期欠損の額

２．決算書と法人税申告書の整合性チェックの設例

　決算書と法人税申告書の対応関係を解説するために，図表2-27から図表2-30において，関連する項目を抜粋した貸借対照表，損益計算書，法人税申告書（別表四，五（一））を示します。なお，図表中の 1 ～34 は，各々の金額の関連性を示します。

図表2-27　貸借対照表

※表中の番号は次項以降の設例と対応している

貸借対照表

科目		金額	科目		金額
(資産の部)			(負債の部)		
			未払法人税等	1	282,300
			賞与引当金	14	81,000
			退職給付引当金	16	149,000
			資産除去債務	24	220,000
貸倒引当金	20	△2,400			
			(純資産の部)		
			資本金		200,000
有形固定資産A(※1)		500,000			
有形固定資産B(※2)		100,000	利益剰余金		
（内訳)			利益準備金	25	50,000
本体の取得原価分		0	その他利益剰余金		
資産除去債務による追加計上分	30	100,000	別途積立金	26	4,230,000
			繰越利益剰余金	27	804,000
			利益剰余金合計		5,084,000

(未払法人税等の内訳)					
未払法人税	200,000	法人税申告額[確定]	2	200,000	
未払住民税	50,000				
未払事業税	32,300				
計	282,300				

※1 有形固定資産Aは，資産除去債務が含まれていないものとする。
※2 有形固定資産Bは，全額が「資産除去債務の発生に伴い取得価額に計上された除却費用」の
　　未償却残高とする。
※3 法人税申告額には，地方法人税額も含まれるものとする。

第2章

法人税

79

図表2-28　損益計算書

損益計算書	
科目	金額
売上高	×××
売上原価(※1)	×××
売上総利益	×××
販売費及び一般管理費	
賞与引当金繰入額(※1)	13　81,000
退職給付費用(※1,2)	15　18,000
貸倒引当金繰入額	17　1,400
減価償却費	60,000
(内訳)	
有形固定資産A(減価償却)(※3)	32　(50,000)
有形固定資産B(減価償却)(※5)	21　(10,000)
利息費用(資産除去債務)	22　1,000
営業利益	×××
営業外収益	×××
営業外費用	×××
経常利益	×××
特別損失	
投資有価証券評価損(※6)	34　1,500
減損損失(※4)	23　2,000
税引前当期純利益	1,316,500
法人税、住民税及び事業税	492,000
当期純利益	28　824,500

（法人税、住民税及び事業税の内訳）

法人税	363,000	法人税申告額[中間+確定]　5　360,000	
		源泉所得税額　6　2,000	
		外国法人税額　7　1,000	
住民税	100,200		
事業税	28,800		
計	492,000		

※1　各例示項目について売上原価に含まれる部分はないものとする。
※2　当期に退職金の支給はなかったものとする。また退職給付信託の設定はしていない。
※3　有形固定資産Aの減価償却限度額35,000とする。
　　　減価償却超過額は、50,000 32 −35,000=15,000 31 となる。
※4　減損損失2,000は、すべて有形固定資産Aに係るものとする。
※5　有形固定資産Bの減価償却費10,000は全て資産除去債務に係るものとする。
※6　投資有価証券評価損1,500は全額損金不算入とする。
※7　法人税申告額には、地方法人税額も含まれるものとする。

図表2-29　法人税申告書　別表四

法人税申告書　別表四

	区分		総額	処分	
				留保	社外流出
	当期利益又は当期欠損の額	1	28 824,500	724,500	配当 100,000 その他
加算	賞与引当金繰入否認額	3	13 81,000	81,000	
	退職給付引当金繰入否認額	4	15 18,000	18,000	
	貸倒引当金繰入限度超過額	5	17 1,400	1,400	
	減価償却超過額（有形固定資産B）	6	21 10,000	10,000	
	減損損失否認（有形固定資産A）	7	23 2,000	2,000	
	減価償却超過額（有形固定資産A）	8	31 15,000	15,000	
	利息費用否認（資産除去債務）	9	22 1,000	1,000	
	有価証券評価損否認	10	34 1,500	1,500	
	小　計	15	×××	×××	×××
減算					
	小　計		×××	×××	×××
	仮　計		×××	×××	×××
	法人税額から控除される所得税額	21	6 2,000		その他 2,000
	税額控除の対象となる外国法人税の額等	22	7 1,000		その他 1,000
	差引計	23	×××	×××	×××
	所得金額又は欠損金額				

図表2-30　法人税申告書　別表五（一）

法人税申告書　別表五(一)						
Ⅰ 利益積立金額の計算に関する明細書						
区分		期首現在利益積立金額	当期の増減			差引翌期首現在利益積立金額
			減	増		
利益準備金	1	50,000				㉕ 50,000
別途積立金	2	4,230,000				㉖ 4,230,000
賞与引当金	3	×××	×××	⑬	81,000	⑭ 81,000
退職給付引当金	4	×××	×××	⑮	18,000	⑯ 149,000
貸倒引当金	5	1,000	0	⑰	1,400	⑳ 2,400
有形固定資産A(減価償却)	6	0	0	㉛	15,000	15,000
有形固定資産A(減損損失)	7	0	0	㉓	2,000	2,000
有形固定資産B(資産除去債務)	8	△110,000	0	㉑	10,000	㉚ △100,000
資産除去債務(利息費用)	9	219,000	0	㉒	1,000	㉔ 220,000
投資有価証券	10	0	0	㉞	1,500	1,500
繰越損益金(損は△)	21	514,000	514,000		804,000	㉗ 804,000
納税充当金	22	272,000	272,000		282,300	① 282,300
未納法人税等 未納法人税及び未納地方法人税	23	△181,000	△341,000	中間 ⑤	△160,000	② △200,000
				確定	△200,000	
未納法人税等 未納道府県民税	24	△15,000	△29,000	中間	△14,000	△16,000
				確定	△16,000	
未納法人税等 未納市町村民税	25	△22,000	△58,000	中間	△36,000	△34,000
				確定	△34,000	

（1）未払法人税等と法人税申告書の対応関係

①未払法人税等の構成要素

　貸借対照表の未払法人税等の期末残高は，原則として，法人税・住民税・事業税の確定申告額のうち，翌期に納付すると見込まれる金額を計上します。なお，未払法人税等には，事業税の外形標準課税の未払額も含まれるので留意が必要です（法人税等会計基準11項）。

②未払法人税等の期末残高

　貸借対照表に計上している未払法人税等の期末残高282,300は，別表五（一）の納税充当金の増加欄および差引翌期首現在利益積立金額と一致します。 １

　同様に，貸借対照表の未払法人税等の内訳として，法人税の未払額200,000は，別表五（一）において，「未納法人税及び未納地方法人税」の差引翌期首現在利益積立金額および「当期の増減」の増の下段「確定」の金額と一致します（符号は逆）。 ２

会計士memo　【地方法人税】

　地方法人税は，地方自治体間の税源の偏りを是正する趣旨で創設されたものです。名称に「地方」とついていますが，国税であり，法人が国に納税した後に，国から各地方自治体に交付されるものです。

　法人税の納税義務のある法人は，地方法人税の納税義務者となり，地方法人税確定申告書の提出が必要です。

　なお，地方法人税確定申告書と法人税確定申告書を1つの様式としているため，この様式を使用することで，法人税確定申告書と地方法人税確定申告書の提出を同時に行うことができます。

　地方法人税の課税標準は，各課税事業年度の差引法人税額を基礎とした課税標準法人税額とされています。この課税標準法人税額に税率を乗じた金額が地方法人税の額となります。

図表2-31　貸借対照表（未払法人税等）

貸借対照表				
科目	金額	科目		金額
（資産の部）		（負債の部） 未払法人税等	①	282,300

（未払法人税等の内訳）

未払法人税	200,000	［法人税申告額[確定]	②	200,000 ］
未払住民税	50,000			
未払事業税	32,300			
計	282,300			

図表2-32　法人税申告書　別表五（一）（未払法人税等）

法人税申告書　別表五(一)								
Ⅰ利益積立金額の計算に関する明細書								
区分		期首現在 利益積立金額	当期の増減		増		差引翌期首現在 利益積立金額	
			減					
	納税充当金	22	272,000	272,000	①	282,300	①	282,300
未納法人税等	未納法人税及び 未納地方法人税	23	△181,000	△341,000	中間 ⑤ 確定 ②	△160,000 △200,000	②	△200,000
	未納道府県民税	24	△15,000	△29,000	中間 確定	△14,000 △16,000		△16,000
	未納市町村民税	25	△22,000	△58,000	中間 確定	△36,000 △34,000		△34,000

(2)「法人税，住民税及び事業税」と法人税申告書の対応関係

損益計算書に計上された「法人税，住民税及び事業税」の金額は，当期に発生した税金費用のうち，法人税・住民税・事業税（特別法人事業税を含む）から構成されます。このうち，法人税について検討します。

①法人税の当期計上額

法人税は，一般的に法人税および地方法人税の当期申告額（中間申告分および確定申告分），控除対象の源泉所得税額，および控除対象の外国法人税額などから構成され，延滞税などが含まれる場合もあります。

法人税および地方法人税の当期申告額（中間申告分および確定申告分）として損益計算書に計上した金額360,000は，別表一（一）の差引所得に対する法人税額と差引地方法人税額の合計と一致します。また，この金額は，別表五（一）（図表2-32）の「未納法人税及び未納地方法人税」の「当期の増減」の増の「中間」と「確定」の合計と一致します（符号は逆）。⑤

図表2-33　損益計算書（法人税）

損益計算書	
科目	金額
税引前当期純利益	1,316,500
法人税, 住民税及び事業税	492,000
当期純利益	824,500

（法人税, 住民税及び事業税の内訳）

法人税	363,000	法人税申告額[中間+確定]	⑤	360,000
		源泉所得税額	⑥	2,000
		外国法人税額	⑦	1,000
住民税	100,200			
事業税	28,800			
計	492,000			

②控除対象の源泉所得税額

　法人税の税額控除の適用を受ける部分で，法人税として損益計算書に計上した金額2,000は，原則として別表一（一）の控除税額のうち所得税の額と一致します。 6

③控除対象の外国法人税額

　外国法人税のうち税額控除の適用を受ける部分で，法人税として損益計算書に計上した金額1,000は，原則として別表一（一）の控除税額のうち外国

図表 2 -34　法人税申告書　別表一（一）（法人税）

法人税申告書　別表一（一）			
法人税額計	1		329,000
控除税額	2		3,000
差引所得に対する法人税額	3	5a	326,000
中間申告分の法人税額	4		145,000
差引確定法人税額	5		181,000
控除税額 所得税の額	6	6	2,000
外国税額	7	7	1,000
計	8		3,000
差引地方法人税額	9	5b	34,000
中間申告分の地方法人税額	10		15,000
差引確定地方法人税額	11		19,000

（法人税申告額の内訳）

法人税申告額　5　360,000　（差引所得に対する法人税額　5a　326,000　差引地方法人税額　5b　34,000）

税額と一致します。　⑦

(3) 法人税申告書の調整項目と決算書の対応関係

　法人税を計算するプロセスにおいて，法人税申告書の中で，決算書の当期純利益を調整する主な項目について，法人税申告書と決算書の対応関係について検討します。なお，各項目における詳細な調整内容については，本章第4節をご参照ください。

①賞与引当金

　決算書に計上された賞与引当金は，税法上損金算入が認められないため，法人税申告書の別表四および別表五（一）において申告調整項目として記載します。

　貸借対照表に計上した賞与引当金の期末残高81,000は，別表五（一）の賞与引当金「差引翌期首現在利益積立金額」と一致します。⑭

　また，損益計算書に計上した賞与引当金繰入額81,000は，別表四の加算項目の賞与引当金繰入否認額および別表五（一）の賞与引当金の「当期の増減」の増と一致します。⑬　なお，売上原価に当該繰入額を計上している場合は，それも合計します。

②退職給付引当金

　決算書に計上された退職給付引当金は，税法上損金算入が認められないため，法人税申告書の別表四および別表五（一）において申告調整項目として記載します。

　貸借対照表に計上した退職給付引当金の期末残高149,000は，別表五（一）の退職給付引当金「差引翌期首現在利益積立金額」と一致します。⑯

　損益計算書に計上した退職給付費用18,000は，原則として，別表四の加算項目の退職給付引当金繰入否認額および別表五（一）の退職給付引当金の「当期の増減」の増と一致します。⑮　なお，売上原価に退職給付費用を計

図表2-35　貸借対照表・損益計算書（賞与引当金・退職給付引当金）

貸借対照表

科目	金額	科目		金額
（資産の部）		（負債の部）		
		賞与引当金	14	81,000
		退職給付引当金	16	149,000

損益計算書

科目		金額
販売費及び一般管理費		
賞与引当金繰入額（※1）	13	81,000
退職給付費用（※1,2）	15	18,000

※1 賞与引当金繰入額および退職給付費用について，売上原価に含まれる部分はないものとする。
※2 当期に退職金の支給はなかったものとする。また退職給付信託は設定していない。

図表2-36　法人税申告書　別表四・別表五（一）（賞与引当金・退職給付引当金）

法人税申告書　別表四

区分			総額	処分	
				留保	社外流出
加算	賞与引当金繰入否認額	3	13　81,000	81,000	
	退職給付引当金繰入否認額	4	15　18,000	18,000	
	小　計	15	×××	×××	×××

法人税申告書　別表五（一）

Ⅰ 利益積立金額の計算に関する明細書

区分		期首現在利益積立金額	当期の増減		差引翌期首現在利益積立金額
			減	増	
賞与引当金	3	×××	×××	13　81,000	14　81,000
退職給付引当金	4	×××	×××	15　18,000	16　149,000

上している場合は，それも合計します。また退職給付引当金から退職金が支払われた場合や年金資産への掛金を拠出した場合には，別表四の減算欄に記載します。

③貸倒引当金

　決算書に計上された貸倒引当金は，中小法人等などの一部の法人を除き税法上損金算入が認められないため，法人税申告書の別表四および別表五（一）において申告調整項目として記載されます。また，中小法人等などの一部の法人についても，損金算入限度額を超過する額は申告調整項目として記載します。

　貸倒引当金が全額損金不算入の法人の場合，損益計算書に計上した貸倒引当金繰入額1,400は，別表四の加算項目の貸倒引当金限度超過額および別表五（一）の貸倒引当金「当期の増減」の増と一致します。[17]

　また，貸借対照表の期末残高2,400（流動資産と固定資産にある場合は合計する）は，別表五（一）の貸倒引当金の「差引翌期首現在利益積立金額」と一致します。[20]

会計士memo　【欠損金の繰越控除制度】

　欠損金の繰越控除制度には，青色申告書を提出した事業年度の欠損金の繰越控除制度および青色申告書を提出しなかった事業年度の災害による損失金の繰越控除制度があり，税務上発生した欠損金を翌期以降の課税所得と相殺することで税負担を軽減する制度です。

　この欠損金の繰越控除制度等における繰越期間は10年（平成30年4月1日前に開始した事業年度においては9年）ですが，中小法人等以外の法人については，欠損金の繰越控除限度額が繰越控除前の所得金額の50%に制限されています。

図表2-37　貸借対照表および損益計算書（貸倒引当金）

貸借対照表

科目		金額	科目	金額
（資産の部）			（負債の部）	
貸倒引当金	20	△ 2,400		

損益計算書

科目	金額	
販売費及び一般管理費		
貸倒引当金繰入額	17	1,400

図表2-38　法人税申告書　別表四・別表五（一）（貸倒引当金）

法人税申告書　別表四

	区分		総額	処分	
				留保	社外流出
加算	貸倒引当金繰入限度超過額	5	17　1,400	1,400	
	小　計	15	×××	×××	×××

法人税申告書　別表五(一)

Ⅰ利益積立金額の計算に関する明細書					
区分		期首現在利益積立金額	当期の増減		差引翌期首現在利益積立金額
			減	増	
貸倒引当金	5	1,000	0	17　1,400	20　2,400

④資産除去債務

決算書に計上された資産除去債務は，税法上損金算入が認められないため，法人税申告書の別表四および別表五（一）において申告調整項目として記載します。

貸借対照表に計上した資産除去債務の期末残高220,000は，別表五（一）の資産除去債務「差引翌期首現在利益積立金額」と一致します。24

また，損益計算書に計上した「資産除去債務に計上される利息費用」1,000は，別表四の加算項目の利息費用否認および別表五（一）の資産除去債務「当期の増減」の増と一致します。22

図表2-39　貸借対照表および損益計算書（資産除去債務）

貸借対照表

科目	金額	科目	金額
（資産の部）		（負債の部）	
有形固定資産A(*1)	500,000	資産除去債務　24	220,000
有形固定資産B(*2)	100,000		
（B資産の内訳）			
本体の取得原価分	0		
資産除去債務による追加計上分　30	100,000		

※1 有形固定資産Aは，資産除去債務が含まれていないものとする。
※2 有形固定資産Bは，全額が「帳簿価額に加えた除去費用」の未償却残高とする。

損益計算書

科目	金額
販売費及び一般管理費	
減価償却費	60,000
（内訳）	
有形固定資産A（減価償却）（※1）	(50,000)
有形固定資産B（減価償却）（※2）	21 (10,000)
利息費用（資産除去債務）	22 1,000

※1 有形固定資産Aの減価償却限度額35,000とする。
※2 有形固定資産Bの減価償却費10,000は全て資産除去債務に係るものとする。

図表2-40　法人税申告書　別表四・別表五（一）（資産除去債務）

法人税申告書　別表四

	区分		総額	処分	
				留保	社外流出
加算	減価償却超過額（有形固定資産B）	6	21 10,000	10,000	
	利息費用否認（資産除去債務）	9	22 1,000	1,000	
	小　計	15	×××	×××	

法人税申告書　別表五（一）

I 利益積立金額の計算に関する明細書					
区分		期首現在利益積立金額	当期の増減		差引翌期首現在利益積立金額
			減	増	
有形固定資産B（資産除去債務）	8	△110,000	0	21 10,000	30 △100,000
資産除去債務（利息費用）	9	219,000	0	22 1,000	24 220,000

　有形固定資産Bの簿価の全額は，「資産除去債務の発生に伴い有形固定資産の帳簿価額に加えた除去費用」（以下，「帳簿価額に加えた除去費用」という）であり，発生当初は減算しています。したがって，損益計算書に計上した減価償却費10,000は，当該減算額の戻入れのため，別表四の加算項目の減価償却超過額および別表五（一）の有形固定資産Bの「当期の増減」の増に含まれます。21　また，有形固定資産Bの簿価（帳簿価額に加えた除去費用残高）100,000は，別表五（一）の有形固定資産Bの「差引翌期首現在利益積立金額」と一致します（符号は逆）。30

⑤減価償却費および減損損失

　損益計算書に計上した減価償却費および減損損失は，税法上損金算入限度

額を超過する部分について，別表四および別表五（一）の申告調整項目として記載します。

　損益計算書に計上した，有形固定資産Aの減価償却費50,000③②から損金算入が認められる部分35,000を除いた金額15,000③①，および減損損失2,000㉓は，それぞれ別表四の加算項目の減価償却超過額および減損損失否認と一致し，別表五（一）の有形固定資産「当期の増減」の増と一致します。㉓ ③①

⑥投資有価証券評価損

　損益計算書に計上した投資有価証券評価損のうち，税法上の損金算入限度額を超過する部分については，別表四および別表五（一）の申告調整項目として記載します。

　損益計算書に計上した投資有価証券評価損1,500は，損金算入が認められないものであるため，別表四の加算項目の有価証券評価損否認および別表五

図表2-41　損益計算書（減価償却費・減損損失・投資有価証券評価損）

損益計算書

科目		金額
販売費及び一般管理費		
減価償却費		60,000
（内訳）		
有形固定資産A(減価償却)(※1)	③②	(50,000)
有形固定資産B(減価償却)(※2)		(10,000)
特別損失		
投資有価証券評価損(※3)	③④	1,500
減損損失(※4)	㉓	2,000

※1 有形固定資産Aの減価償却限度額35,000とする。
　　減価償却超過額は，50,000③②−35,000＝15,000③①となる。
※2 有形固定資産Bの減価償却費10,000は全て資産除去債務に係るものである。
※3 投資有価証券評価損1,500は全額損金不算入とする。
※4 減損損失2,000は，すべて有形固定資産Aに係るものである。

図表2-42　法人税申告書　別表四・別表五（一）（減価償却費ほか）

法人税申告書　別表四

区分			総額	処分	
				留保	社外流出
加算	減価償却超過額（有形固定資産A）	8	③1 15,000	15,000	
	減損損失否認（有形固定資産A）	7	②3 2,000	2,000	
	有価証券評価損否認	10	③4 1,500	1,500	
	小　計	15	×××	×××	×××

法人税申告書　別表五(一)

I 利益積立金額の計算に関する明細書

区分		期首現在利益積立金額	当期の増減		差引翌期首現在利益積立金額
			減	増	
有形固定資産A（減価償却）	6	0	0	③1 15,000	15,000
有形固定資産A（減損損失）	7	0	0	②3 2,000	2,000
投資有価証券	10	0	0	③4 1,500	1,500

（一）の有価証券「当期の増減」の増と一致します。③4

⑦利益剰余金

　貸借対照表の純資産の部に計上された利益剰余金は，利益準備金，別途積立金，繰越利益剰余金などであり，これらは税法上の利益積立金額を構成するものであるため，別表五（一）の各項目の「差引翌期首現在利益積立金額」と一致します。②5 ②6 ②7

　また，会計上の利益剰余金の各項目に増減があった場合には，別表五（一）の当期の増加欄または減少欄と一致します。

　なお，繰越損益金は，別表五（一）において，期首現在利益積立金額をいったん全額取崩してから，繰越利益剰余金の期末残高相当額を全額積み立てる処理を行います。そのため，別表五（一）の増加および減少は，個別に

は会計上と一致せず，増減額の純額で一致します。

⑧当期純利益

　損益計算書に計上した当期純利益824,500は，別表四の「当期利益又は当期欠損の額」と一致します。28

　一方，当期純利益は，「税引前当期純利益」から「法人税，住民税及び事業税」を差引いて求められるものであり，この「法人税，住民税及び事業税」の中には，当期の法人税の確定申告額について税額計算した結果が含まれています。

図表 2 -43　貸借対照表および損益計算書（利益剰余金）

貸借対照表				
科目	金額	科目		金額
		（純資産の部）		
		資本金		200,000
		利益剰余金		
		利益準備金	25	50,000
		その他利益剰余金		
		別途積立金	26	4,230,000
		繰越利益剰余金	27	804,000
		利益剰余金合計		5,084,000

損益計算書		
科目		金額
税引前当期純利益		1,316,500
法人税、住民税及び事業税		492,000
当期純利益	28	824,500

図表2-44　法人税申告書　別表四・別表五（一）（利益剰余金）

法人税申告書　別表四

区分			総額	処分		
				留保	社外流出	
当期利益又は当期欠損の額	1	28 824,500		724,500	配当	100,000
					その他	
加算	損金経理をした納税充当金		307,500	307,500		
	小　計	15	×××	×××	×××	

法人税申告書　別表五（一）

Ⅰ利益積立金額の計算に関する明細書						
区分		期首現在利益積立金額	当期の増減		差引翌期首現在利益積立金額	
			減	増		
利益準備金	1	50,000			25	50,000
別途積立金	2	4,230,000			26	4,230,000
繰越損益金（損は△）	21	514,000	514,000	804,000	27	804,000

・・・・・・・・・・・・・・・第3節　これだけはおさえよう！・・・・・・・・・・・・・・・

　決算書と法人税申告書の別表一（一），別表四および別表五（一）との対応について理解することによって，決算書に計上されている税金関連科目のレビューを効率的，効果的に行うことができます。

第4節　法人税申告書の調整項目

1．申告調整の概要

　決算書から法人税申告書を作成するための調整項目は多岐にわたっています。企業における事業活動の内容によって，主に使われる調整項目は限られてきますが，普段使われないような調整項目にも着目して検討します。

2．申告調整項目の解説

(1) 社外流出項目と留保項目
①社外流出項目

　社外流出とは，会社の内部に留まらず外部に流出し，課税関係が終了するものをいいます。「社外流出項目」には，申告調整項目のうち，社外に資産等が流出し実際に会社の純資産を減少させるものと，会社の純資産の減少はないものの課税政策上，法人税申告書上で社外流出項目とされる「課税外収入」といわれるものがあります。

　これらの社外流出項目については，会計上の「収益・費用」と税務上の「益金・損金」に差異が生じるため，別表四では調整しますが，別表五（一）の利益積立金額には，その差異を反映しません。そのため翌期以降の所得計算には影響を与えない調整項目といえます。

②留保項目

　留保項目とは，会社の内部に留保され，翌期以降の所得計算に影響を与える調整項目をいいます。

　これらの留保項目については，会計上の「収益・費用」と税務上の「益

金・損金」に生じた差異を，別表四で調整した上で，別表五（一）の利益積立金額にも反映します。

(2) 引当金

　会計上は，当期以前の事象に起因した将来の特定の費用・損失の発生リスクを適切に決算書に反映するために，一定の要件を満たす場合には引当金を計上する必要があります（原則注解18）。

　しかし，税法上は，公平な税額算定のため，見積りや判断の要素が強い引当金について，原則として損金算入は認めていません。損金として算入することが認められるのは，あくまで引当金の設定目的である，将来の費用・損失が確定した時点になります。

図表 2 -45　「引当金」の申告調整

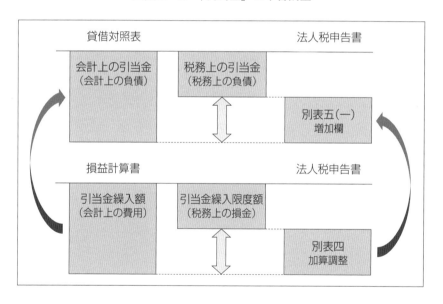

図表 2-46　申告調整が必要な主な引当金

例示項目	会計上の取り扱い	税務上の取り扱い	申告調整
貸倒引当金 ※1	①一般債権については，貸倒実績率により引当金を計上 ②貸倒懸念債権，破産更生債権等については，回収不能見込額を引当金として計上 （原則注解18，金融商品会計基準14項，27項，28項）	原則，損金不算入 （法法52条）	会計上の繰入額について加算調整
賞与引当金 ※2	将来の賞与支給見込額のうち，期末に負担すべき額を引当金として計上 （原則注解18）	損金不算入	
退職給付引当金 ※3	期末における退職給付債務および年金資産の見込額に基づき，期末において発生していると認められる額を引当金として計上 （原則注解18，退職給付会計基準13項）		
役員退職慰労引当金	将来の退職慰労金のうち，社内規定に基づき期末において発生していると認められる額を引当金として計上 （原則注解18）		

※1　貸倒引当金

　　貸倒引当金の損金算入が認められる法人は，①中小法人等，②銀行・保険その他これらに類する法人，③売買があったものとされるリース資産の対価の額に係る金銭債権を有する法人等に限られることとなりました。

　　中小法人等とは，資本金（または出資金）の額が1億円以下の法人等ですが，資本金（または出資金）の額が5億円以上である法人等による完全支配関係がある子法人等を除くことに留意が必要です（法法52条1項）。

※2　賞与引当金

　　社会保険料などの計算基礎となる標準報酬として，月々の給与と並んで賞与も対象（総報酬制）とされていることから，賞与引当金に対しても社会保険料等の未払計上が必要となります。当該未払費用についても税務上は損金不算入となりますので，賞与引当金と同様の申告調整が必要となります。

※3　退職給付引当金

　　税務上は退職給付費用のすべてが損金不算入になるわけではなく，退職金の支給時や掛金の拠出時には損金算入が認められます。また退職給付信託について，会計上は年金資産として毎期時価評価（遅延認識あり）するのに対して，税務上は信託設定時の帳簿価額で据え置き，その後に生じた毎期の実際運用収益を益金算入していきます。

(3) 資産の評価損

　会計上は，貸借対照表に計上された資産について，期末日現在の資産価値を，より適切に反映する必要があります。そのため，決算時に一部の資産については，その帳簿価額を時価などによって評価することが求められています。特に，資産価値の下落については，適時に資産の評価額を切り下げ，評価損を計上することを求める会計基準が数多く存在します（棚卸資産会計基準，減損会計基準，金融商品会計基準など）。

　しかし，税法上は「取得原価」による資産計上が原則とされ，評価替えにより発生した評価損を損金に算入することは原則認められません。

　なお，棚卸資産の陳腐化損や固定資産の臨時損失などについては，税法上も制度的に認められてはいますが，会計上の評価損と比較して，その範囲は限定されています。

図表 2 -47　「評価損」の申告調整のイメージ図

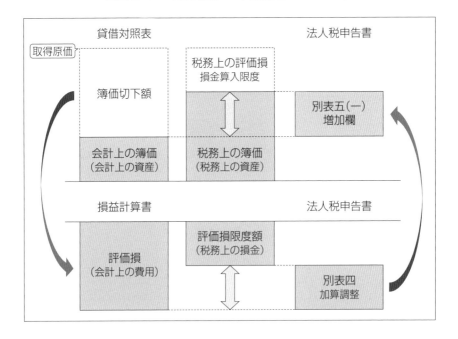

図表2-48　申告調整が必要な主な資産の評価損

例示項目	会計上の取り扱い	税務上の取り扱い	申告調整
棚卸資産評価損	期末において正味売却価額が取得原価を下回る場合に，評価損を計上（棚卸資産会計基準7項）	著しい陳腐化等，または低価法を採用している場合の価値の下落による評価損は，損金算入できる（法令28条1項2号）。	会計上の評価損について，税法上は損金不算入とされる部分について加算調整
有価証券評価差額（売買目的）	時価をもって貸借対照表価額とし，評価差額を損益とする（金融商品会計基準15項）	一定の要件のもと，損金算入できる	
有価証券評価損（市場価格のない株式等以外のもの）	時価が著しく下落したときは，回復する見込みがあると認められる場合を除き，評価損を計上（金融商品会計基準20項）		
有価証券評価損（市場価格のない株式等）	実質価額が著しく低下したときは，原則，評価損を計上（金融商品会計基準21項）		
固定資産の減損損失	減損損失を認識すべきであると判定された場合に，減損損失を計上（減損会計基準 二・3）	原則，損金不算入	会計上の減損損失について，減価償却費と合算して，償却限度額超過額を加算調整

> **会計士 memo　【損金の額に算入されない租税公課（行政上の制裁）】**
>
> 　国税の附帯税や印紙税の過怠税などは，法律どおり申告や納税をしなかったことに対して課される一種の行政上の制裁に関するものです。これらを損金に算入すれば，これに対応して減少する税額に相当する部分の制裁効果を減殺させる結果となるため，損金としないこととされています（法法55条3項）。
>
> 　該当するものとしては，国税に係る延滞税，過少申告加算税，無申告加算税，不納付加算税，重加算税，印紙税の過怠税，地方税法の規定による延滞金（納期限の延長の場合の延滞金を除く。），過少申告加算金，不申告加算金，重加算金などがあります。

(4) 資産除去債務

　資産除去債務は，税法上損金算入が認められないため，法人税申告書による調整が必要となります。会計処理と税務上の調整およびその後の処理が多少複雑ですので，概略について説明します。

①定義

　資産除去債務は，有形固定資産の取得等によって生じ，除去に関して法令または契約によって要求される，法律上の義務等をいいます（資産除去債務会計基準3項）。

②会計処理と申告調整の関係

　会計処理と申告調整を対応させると，次のようになります。

第2章

法人税

【前提条件】

・資産除去債務（原状回復費）　見積額15,000，発生時現在価値10,000

・利息費用（毎期定額と仮定，10年）500／年

状況	会計処理	別表四の申告調整	
		資産除去債務	固定資産
資産除去債務発生時	①（借方）有形固定資産 （貸方）資産除去債務 10,000	⑪加算10,000	⑫減算10,000
翌期の費用処理（1年目）	②利息費用500 ③減価償却費1,000	⑬加算500 （繰越10,500）	⑭加算1,000 （繰越9,000）
⋮	⋮	⋮	⋮
最終年度の費用処理（10年目）	④利息費用500 ⑤減価償却費1,000	⑮加算500 （繰越15,000）	⑯加算1,000 （繰越ゼロ）
原状回復の実施	⑥（借方）資産除去債務 （貸方）現金預金 15,000	⑰減算15,000 （繰越ゼロ）	―

※表中の番号は，図表2-49中の番号に対応している。

③会計処理

　資産除去債務は，発生時に，将来の除去費用を，現在価値に割引いた金額を負債として計上します。その後，期間の経過とともに利息費用を加えていきます。

　一方，発生時に，資産除去債務と同額を関連する有形固定資産の帳簿価額に加えます。資産計上された資産除去債務に対応する除去費用は，減価償却を通じて各期に費用配分されます（資産除去債務会計基準4項，6項，7項）。

図表2-49　資産除去債務の会計処理と税務処理の関係図

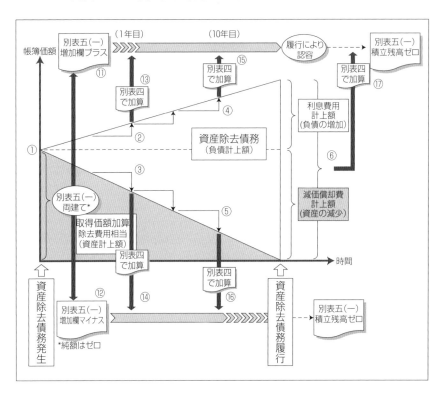

(5) その他の調整項目

（2）～（4）までの項目以外にも，会計と税務に相違が生じるため，別表四で申告調整すべき項目は数多くあります。その中でよく見かける項目について，社外流出項目と留保項目に分けて紹介します。

図表2-50　その他の調整項目

【社外流出－加算項目】

例示項目	会計上の取り扱い	税務上の取り扱い	申告調整
交際費等	全額が費用計上	一定の限度額を超える部分は損金不算入（措置法61条の4）	税務上の交際費等に該当し，かつ損金に算入されない部分については，加算調整
寄附金	全額が費用計上	一定の限度額を超える部分は損金不算入（法令73条）	税務上の寄附金に該当し，かつ損金に算入されない部分については，加算調整
役員報酬役員賞与	全額が費用計上	一定の要件を満たさないもの，過大な部分などは損金不算入（法法34条）	税務上の損金に算入されないものについては，加算調整
追徴税額（延滞税，加算税など）	過去の誤謬に起因するものでない場合は，追徴税額として，「法人税，住民税及び事業税」の次に計上（法人税等会計基準15項）	延滞税，加算税，加算金，延滞金および過怠税は損金不算入（法法55条）ただし，利子税および延滞金のうち延納分は損金算入可	

【社外流出－減算項目】

例示項目	会計上の取り扱い	税務上の取り扱い	申告調整
受取配当等	全額が収益計上	一定の要件を満たす部分については，益金に算入しないことができる（法法23条）	益金不算入とされる部分について，減算調整が可能
還付税額（欠損金の繰戻しなど）	過去の誤謬に起因するものでない場合は，還付税額として，「法人税，住民税及び事業税」の次に計上（法人税等会計基準15項）	益金不算入（法法26条1項）	

【留保－加算項目】

例示項目	会計上の取り扱い	税務上の取り扱い	申告調整
減価償却費	経済的使用可能期間にわたり，実態を反映した償却方法で規則的に償却する	税法が定めた年数にわたり，税法所定の償却方法で算出した一定の限度額まで損金算入（法令48条，56条）	それぞれの耐用年数，償却方法等が異なる場合があり，税務上の損金算入限度額を超える部分は加算調整
長期前払費用（税務上の繰延資産）	支出の効果が発現する期間にわたり，実態を反映した償却方法で規則的に償却する	税法が定めた年数にわたり，一定の限度額まで損金算入（法法32条）	実際の効果発現期間と，税法所定の償却期間が異なる場合があり，税務上の損金算入限度額を超える部分は加算調整
一括償却資産	金額的な重要性が乏しい固定資産について一括して会社が定めた期間で償却する	税法が定めた要件を満たす資産について，税法が定めた一定の限度額まで損金算入（法令133条の2）	税務上の損金算入限度額を超える部分は加算調整

【留保－減算項目】

例示項目	会計上の取り扱い	税務上の取り扱い	申告調整
固定資産の特別償却	租税特別措置法に規定する特別償却は、一般に正規の減価償却には該当しないので（減価償却の取扱い28項）、積立金方式で処理するものと考えられる。	租税特別措置法上の要件に基づく一時償却または割増償却は損金算入（措置法42条の6など）	積立金方式で計上された特別償却費は減算調整
圧縮積立金	一般的に、剰余金処分による積立金方式により処理	損金算入可（法法42条、47条、50条、措置法64条、65条の7など）	積立金方式で計上された圧縮積立金は減算調整

会計士 memo 【損金の額に算入されない租税公課（法人税，住民税）】

　法人税，地方法人税および住民税は，本来，法人の所得の中から支払われることを前提としているため，損金の額に算入すると，法人の所得そのものが循環的に増減し，業績が一定であっても各期の所得にばらつきが生ずることになります。

　このような状況を防止するため，法人税，地方法人税および住民税は損金としないこととされています（法法38条1項，2項2号）。ただし，法人税，地方法人税および住民税の額の中に含まれる利子税（地方税における納期限の延長の場合の延滞金を含む）などについては損金に算入されることになります（法法38条1項1号～6号）。

3. 国際化が進む企業会計基準

　企業の海外進出が続く昨今，日本の決算書は海外の投資家から大きな注目を集めるようになりました。投資家は，自国企業と海外企業について比較可能な決算書の開示を求めています。そのため多くの国や地域で以前より，各国の決算書の作成ルールである企業会計基準を国際財務報告基準（IFRS）に統一する取り組みが行われています。わが国においても，企業会計基準とIFRSとの差異を埋め，IFRSへの収れん（コンバージェンス）を目指し，頻繁に会計基準が改正されてきました。

　会計基準の国際化が進む一方，税法は適正な納税を目的として各国が独自のルールを設けているため，会計基準と税法は大きく乖離することになりました。会計基準によれば，資産は決算においてさまざまな評価額に置き換えられます。例えば，棚卸資産は，市場での販売価格に基づく「正味売却価額」が帳簿価額を下回れば評価損が計上されますし，金融商品は，期末日現在の「市場価格」に基づいた時価評価を基本とします。固定資産については，使用価値や処分価値に基づいて算定された「回収可能価額」まで減損損失が計上されます。このように適切な評価額が決算書に反映されることで，

図表2-51　会計基準の国際化による影響

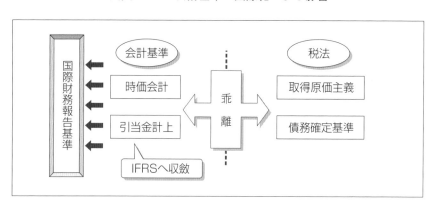

期末日現在の実態に即した資産額が利害関係者に開示されます。

　しかし，税法では適正な税額を算定する目的から，一定の要件のもと評価損の損金算入が認められるにとどまり，税法上の資産はあくまで「取得原価」が基本となります。

　このように現行の会計基準は，市場価値の変動や将来の損失リスクを積極的に決算に織り込んでいるため，公平・中立・簡素の税務原則に基づき企業の担税力を見いだす税法との乖離が大きくなってきています。今後，IFRSに準じた会計基準の導入が進めば，時価評価される資産の範囲はさらに拡大し，より網羅的な引当金計上が求められるなど，会計基準と税法の乖離はいっそう進むものと考えられます。そのため国際化した企業会計基準にしたがった適正な会計処理を行いながら，わが国の税法に基づく適正な税額算定の両立を実現するために，申告調整が今まで以上に重要となってくると考えられます。

第2章　法人税

・・・・・・・・・・・・・第4節　これだけはおさえよう！・・・・・・・・・・・・・・・

　適切な会計処理と適切な税務処理を両立するために，申告調整を漏れなく行う必要があります。新規の会計事象が発生した場合や，会計基準の改正により会計処理方法を変更した場合などは，税務上の取扱いとの差異を決算までに把握し，申告調整を誤らないように注意する必要があります。

第3章
住民税・事業税の
税務レビュー

　住民税額は法人税額を基準に計算し，事業税額は法人税申告書における課税所得を基準に計算します。そのため，住民税および事業税の税務レビューにおいては，法人税申告書の増減内容を把握することが重要です。そこで本章では，決算書の住民税，事業税と住民税・事業税申告書との整合性について説明します。

　また，住民税と事業税には，利益に関連する金額を課税標準として課される税金以外に，住民税均等割額，外形標準課税などが含まれていますので，その内容を理解し，事業活動等との関連を把握することも大切です。

第1節　決算書の構成要素と税務レビューの
　　　ポイント

1．住民税・事業税の構成要素

　住民税は法人税割と均等割，事業税は所得割と特別法人事業税，外形標準課税適用法人では，これに加えて付加価値割，資本割があります（地法23条，72条，292条）。なお，電気供給事業，ガス供給事業，保険事業については，事業税として，各事業年度の収入金額を課税標準とする収入割があります（地法72条の2）が，本書では省略します。また，住民税には，一般的に「道府県民税」と「市町村民税」がありますが，東京都の特別区内に事務所等を所有する法人は，道府県民税と市町村民税をあわせて都民税としています（地法734条）。

　住民税および事業税の決算書の表示科目をまとめると図表3-1のとおりです（法人税等会計基準9項～11項）。

図表3-1　住民税・事業税の表示科目

区分		損益計算書	貸借対照表
住民税	法人税割	法人税，住民税及び事業税	未払法人税等
	均等割		
事業税	所得割		
	特別法人事業税		
	資本割	原則，販売費及び一般管理費　※	
	付加価値割		

※合理的な基準に基づき売上原価（当期製造費用）に配分することができる（法人税等会計基準10項）。

112

(1) 未払法人税等

　住民税および事業税は，法人税と同様に支払いが翌期以降になる部分を「未払法人税等」として貸借対照表に表示します。また，納付時期も中間申告（申告義務のある会社のみ）と確定申告により納税します。したがって，未払法人税等の内訳は，図表2-1と同様に次のようになります。

第3章　住民税・事業税

図表3-2　未払法人税等の内訳

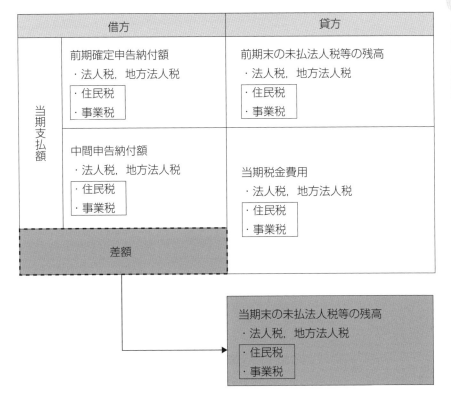

(2) 住民税

①法人税割

　住民税の法人税割額は，図表3-3のように，法人税額をもとに算出します。

図表3-3　法人税割額の算出方法

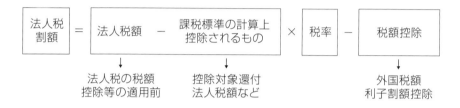

②均等割

　住民税の均等割額は，図表3-4のように算出します。

図表3-4　均等割額の算出方法

　均等割額については，法人の区分，資本金等の額や従業員数などに基づいて法人を分類し，道府県民税と市町村民税の均等割額が課せられます。税額は，各地方自治体により次の標準税率（年額）をもとに定めています。

図表3-5　住民税の均等割額の標準税率（年額）

法人の区分等			道府県民税	従業員数	市町村民税
下記以外の法人	資本金等の額	1千万円以下	20,000	50人以下	50,000
				50人超	120,000
		1千万円超～1億円以下	50,000	50人以下	130,000
				50人超	150,000
		1億円超～10億円以下	130,000	50人以下	160,000
				50人超	400,000
		10億円超～50億円以下	540,000	50人以下	410,000
				50人超	1,750,000
		50億円超　～	800,000	50人以下	410,000
				50人超	3,000,000
公共法人，公益法人等　など			20,000		50,000

※令和4年11月15日時点施行の地方税法（52条1項，312条1項）による。

(3) 事業税

①所得割

　事業税の所得割額は，次のように，課税所得をもとに算出します。

図表3-6　所得割の算出方法

所得割額	=	法人税の課税標準たる所得	×	税率

②付加価値割および資本割

　事業税の付加価値割額および資本割額（以下「外形標準課税」という）は，次のように算出します。

図表3-7　付加価値割および資本割の算出方法

| 付加価値割額 | ＝ | 報酬給与額＋純支払利子＋純支払賃借料　＋単年度損益 | × | 税率 |

| 資本割額 | ＝ | 法人税法に規定する資本金等の額 | × | 税率 |

また，付加価値割と資本割の課税標準は，地方税法によって次のように定められています。

図表3-8　外形標準課税の課税標準

		課税標準	主な内容
付加価値割	収益配分額	報酬給与額	雇用関係またはこれに準ずる関係に基づいて提供される労務の提供の対価として支払われるものをいう。定期・定額で支給されるものと不定期・業績比例で支給されるものとを問わず，また，給料，手当，賞与等その名称を問わない（地法72条の15第1項，地法施行取扱い4の2の1）。
		純支払利子	各事業年度の支払利子の額の合計額から，当該合計額を限度として，各事業年度の受取利子の額の合計額を控除した金額。ゼロが限度でありマイナスはない（地法72条の16第1項）。
		純支払賃借料	各事業年度の支払賃借料の合計額から，当該合計額を限度として，各事業年度の受取賃借料の合計額を控除した金額。ゼロが限度でありマイナスはない（地法72条の17第1項）。
	単年度損益		原則として法人税の課税標準である所得の計算の例によって算定する。ただし，税務上の繰越欠損金は控除しない（地法72条の18，地法施行取扱い4の5の1）。
	調整項目		「報酬給与額」が「収益配分額」の70％を超える場合，雇用安定控除額を付加価値額から控除する（地法72条の20）。
資本割	資本金等		税務上の資本の金額と資本積立金額の合計（地法72条の21第1項，法法2条16号）。
	調整項目		以下の項目に該当する場合は調整する。 ①無償減資等を行った場合の特例 ②特定持株会社に係る特例 ③特定内国法人に係る特例 ④資本金等の額が1,000億円を超える法人に係る特例 （地法72条の21第1項，第5項～第7項，72条の22）

(4) 特別法人事業税

　特別法人事業税は，地域間の税源偏在を是正するため，2019年10月1日以降に開始する事業年度から導入されました。都道府県に納付していた事業税の一部を国税として分離し，都道府県に再配分する仕組みとなっています。法人事業税について申告・納付義務のある法人は，特別法人事業税についても，申告・納付する義務があります（特別法人事業税及び特別法人事業譲与税に関する法律9条，10条）。特別法人事業税の算出方法と留意事項は次のとおりです。

第3章　住民税・事業税

図表3-9　特別法人事業税の算出方法と留意事項

| 特別法人事業税 | = | 基準法人所得税額（所得金額×標準税率） | × | 税率 |

計算要素	留意点
基準法人所得税額	事業税の課税標準に対して，事業税の標準税率によって算出した所得割額である。各自治体が定める税率ではない点に留意する。
税率	外形標準適用法人の税率と，それ以外の法人の税率が異なる点に留意する。

(5) 中間申告制度

　住民税および事業税においても，法人税と同様の中間申告制度があります。詳細については，第2章第1節1（4）をご参照ください。

　ただし，外形標準課税については，法人税の中間申告義務の有無にかかわらず，必ず中間申告が必要ですので留意が必要です（地法72条の26第7項）。

2．住民税および事業税のレビューポイント

　住民税および事業税をレビューする方法である期間比較分析等の概要について，法人税と同じように検討します。なお，分析内容の検討については，

第2節において解説します。

(1) 期間比較分析

①決算書項目の分析

　図表3-3および図表3-6に示したように，住民税の法人税割および事業税の所得割は，法人税算出のための課税所得に関連していますので，第2章「法人税の税務レビュー」で検討した内容を理解することがポイントです。

　なお，課税所得が生じていない場合には，住民税の法人税割および事業税の所得割は，法人税と同様にゼロになりますが，住民税の均等割および事業税の付加価値割，資本割は，たとえ課税所得が生じていなくても発生することに注意が必要です。

②住民税・事業税申告書の分析

　住民税，事業税の申告書について増減分析を行います。これらの申告書の多くは，法人税申告書によって算出された課税所得や法人税額をもとに作成していますので，法人税申告書の増減分析結果が，住民税・事業税申告書の増減に反映することを理解しておくことがポイントです。また，一部ではありますが，法人税申告書に基づいていない部分もありますので，それらが事業活動のどの部分に関連しているのかを把握しておくことが大切です。

(2) 決算書と住民税・事業税申告書の整合性チェック

　決算書の住民税および事業税関連科目は，住民税・事業税申告書の計算結果を反映していることから，その整合性を確認します。また，住民税の法人税割額および事業税の所得割額は，法人税算出のための課税所得に関連するため，法人税申告書との関連についても理解しておくことが重要です。

チェックリスト

　住民税および事業税のレビューにあたり，事前に知っておくと効果的な情報に関する事項と，税務レビューのために直接的に必要な事項についてまとめると，次のとおりです。

項目	チェックポイント	確認欄
1	住民税および事業税に関する根拠資料を，担当者から入手したか。	
2	経理規程・マニュアル等の閲覧により，住民税および事業税に関して採用している会計方針を理解したか。	
3	住民税および事業税に関する会計方針について，変更の有無を確認したか。変更がある場合には内容を把握したか。	
4	税務当局との重要な見解の相違があるか。該当がある場合には，会計処理上の対応を検討したか。	
5 ☆	住民税および事業税に関連する決算書の勘定科目について，前期数値と当期数値を比較し，その増減理由等を把握したか。また，事業活動と整合していることを理解したか。	
6	前期に計上している未払法人税等の貸借対照表残高には，前期以前から滞留しているものが含まれていないことを確かめたか。	
7	決算書の関連科目と住民税・事業税申告書との整合を確かめたか。	
8 ☆	住民税・事業税申告書における税額計算は，網羅的になされていることを確かめたか。	

☆：各節末に記載の「これだけはおさえよう！」に対応している。

第2節　住民税および事業税関連科目の期間比較分析

　住民税および事業税関連科目のレビューは，法人税と同じように，関連科目の期間比較分析を行うことが効果的です。

　住民税および事業税関連科目および影響する代表的な科目について抜粋した貸借対照表と損益計算書を次に示します。

図表3-10　貸借対照表と損益計算書

貸借対照表科目	前期	当期
（負債の部） 　未払法人税等	1,510	620
（純資産の部） 　資本金	10,000	10000

損益計算書科目	前期	当期
売上高	52,000	54,000
売上原価	40,000	42,000
売上総利益	12,000	12,000
…		
租税公課（外形標準課税）	50	60
…		
販売費及び一般管理費	8,000	8,450
…		
税引前当期純利益	5,800	5,500
法人税，住民税及び事業税	2,170	1,910
法人税等調整額	630	890
当期純利益	3,000	2,700

1．決算書の期間比較分析

　貸借対照表，損益計算書の住民税および事業税関連科目の期間比較を行い，増減内容について会社の経営環境等に照らして合理的なものであるかどうかを分析します。

図表3-11　住民税・事業税関連科目の増減表

貸借対照表科目	前期末	当期末	対前期末増減額	対前期末増減率
未払法人税等	1,510	620	△890	△58.9%
うち，法人税の未払額	1,000	330	△670	△67.0%
住民税の未払額	230	100	△130	△56.5%
事業税の未払額	280	190	△90	△32.1%

損益計算書科目	前期末	当期末	対前期末増減額	対前期末増減率
租税公課（外形標準課税）	50	60	10	20.0%
税引前当期純利益	5,800	5,500	△300	△5.2%
法人税，住民税及び事業税	2,170	1,910	△260	△12.0%
うち，法人税	1,560	1,370	△190	△12.2%
住民税	290	240	△50	△17.2%
事業税	320	300	△20	△6.3%

※法人税には地方法人税を含む。以降も同様。

(1) 住民税の当期発生額および未払額の増減分析

　住民税の未払額は，図表3-2のように当期の税金費用により増加し，税金の支払いによって減少します。図表3-11によると，損益計算書の住民税が50減少しているのに対して，住民税の未払額は130減少しています。この状況について検討します。なお，住民税の未払額の推移は図表3-12に示すとおりです。

図表 3-12　住民税の未払額の推移比較

	前期			当期			対前期期末増減額	対前期末増減率
	法人税割	均等割	合計	法人税割	均等割	合計		
前期末残高	140	10	150	220	10	230	80	53.3%
前期確定申告納付額	△140	△10	△150	△220	△10	△230	△80	53.3%
当期発生額	270	20	290	220	20	240	△50	△17.2%
中間納付額	△50	△10	△60	△130	△10	△140	△80	133.3%
当期末残高	220	10	230	90	10	100	△130	△56.5%

①税金発生額の影響

　図表 3-11の増減表によると，住民税の発生額は，前期290に対して当期240であり，50減少しています。これは，法人税額が190減少していることが要因と考えられます。

　住民税の当期発生額のうち，法人税割は法人税額に関連する金額を課税標準として算出されるため，均等割額の金額が法人税割額に比べて小さい場合は，法人税額と連動している部分が多いと考えられます（「第2章第2節1(1)①」参照）。図表 3-11について，法人税額と住民税額の割合を比較すると，図表 3-13のように，おおむね同じ割合となっています。

図表 3-13　住民税と法人税の関連

項目	前期末	当期末	増減
法人税	1,560	1,370	△190
住民税	290	240	△50
住民税÷法人税	18.6%	17.5%	△1.1%

②中間納付額の影響

　住民税の未払額の推移比較（図表3-12）によると，中間納付額は前期60に対して当期140であり80増加しています。法人税割額の中間納付額は，法人税と同じように，一般的に前期の確定納付額をもとに計算します。また，均等割額の中間納付額は，原則として，定められた金額の12ヵ月分の6ヵ月となりますので，状況に変化がなければ同額となります。

　したがって，均等割額が法人税割額に比べて小さい場合，住民税の未払額の減少は，法人税の分析のときと同じように，中間納付額が増加していることが要因の1つと考えられます。中間納付額の増減要因については，第2章第2節1（1）②をご参照ください。

③税引前当期純利益が大きく変動するケースの検討

　図表3-11のように，前期も当期もおおむね同水準の税引前当期純利益を計上しているケースでは，住民税の発生額や未払額の増減内容は，法人税との関連に注目すれば把握することができました。しかし，住民税には法人税割のほかに均等割もあることから，課税所得が極端に小さくなった場合には，法人税割額が小さくなり，均等割額の影響が大きくなるので留意が必要です。

　例えば，図表3-14のように，前期の税引前当期純利益に比べて，当期の税引前当期純利益が極端に少ないケースについて検討します。

図表3-14　税引前当期純利益が大きく変動するケース

損益計算書科目	前期末	当期末	対前期末増減額	対前期末増減率
税引前当期純利益	5,800	100	△5,700	△98.3%
法人税，住民税および事業税	2,170	60	△2,110	△97.2%
うち，法人税	1,560	25	△1,535	△98.4%
住民税	290	35	△255	△87.9%
住民税÷法人税	18.6%	140.0%	—	—

第3章　住民税・事業税

　図表3-14によれば，税引前当期純利益は，前期に比べ大幅に減少し，あわせて法人税額も大幅に減少しています。しかし，法人税に対する住民税の割合は，18.6％から140.0％と大きな差異が生じています。

　均等割額はおおむね定額なので，図表3-14のように法人税額が小さい場合は，均等割額の影響が大きくなることに留意が必要です。また，課税所得がマイナスで法人税がゼロの場合でも住民税の均等割は必ず発生するため，住民税がゼロになっている場合にはその内容を慎重に分析する必要があります。

(2) 事業税の当期発生額および未払額の期間比較分析

　事業税の未払額は，図表3-2のように当期の税金費用により増加し，税金の支払いによって減少します。図表3-11によると，損益計算書の事業税は，前期320に対して当期300であり，20減少しています。また，事業税の未払額は，前期280に対して当期190であり90減少しています。この増減要因について検討します。なお，事業税の未払額の推移は図表3-15に示すとおりです。

①事業税の未払額

　図表3-1に示したように，貸借対照表の「未払法人税等」には，外形標準課税（付加価値割と資本割）を含めた事業税の未払額が表示されますが，損益計算書の「法人税，住民税及び事業税」には，外形標準課税は含まれません。したがって，事業税の未払額は，「法人税，住民税及び事業税」に計上されている事業税との比較のみでは分析しきれないことも考えられます。図表3-15の未払額の推移比較に基づき，当期発生額や中間納付額ごとの増減内容を理解することが大切です（次項②〜⑤参照）。

②所得割と特別法人事業税の影響

　図表3-15の所得割，特別法人事業税の当期発生額によると，税引前当期

純利益の下に計上される事業税は，前期320に対して当期300であり20減少しています。これは，税引前当期純利益が300減少（図表3-11）していることが要因と考えられます。

　所得割額の課税標準となる所得金額は，法人税の課税所得を算出する法人

図表3-15 事業税の未払額の推移比較

所得割，特別法人事業税

	所得割		特別法人事業税		小計		対前期末増減額	対前期末増減率
	前期	当期	前期	当期	前期	当期		
前期末残高	60	100	90	150	150	250	100	66.7%
前期確定申告納付額	△60	△100	△90	△150	△150	△250	△100	66.7%
当期発生額	130	120	190	180	320	300	△20	△6.3%
中間納付額	△30	△60	△40	△90	△70	△150	△80	114.3%
当期末残高	100	60	150	90	250	150	△100	△40.0%

外形標準課税

	付加価値割		資本割		小計		対前期末増減額	対前期末増減率
	前期	当期	前期	当期	前期	当期		
前期末残高	10	20	10	10	20	30	10	50%
前期確定申告納付額	△10	△20	△10	△10	△20	△30	△10	50%
当期発生額	30	40	20	20	50	60	10	20.0%
中間納付額	△10	△10	△10	△10	△20	△20	0	0.0%
当期末残高	20	30	10	10	30	40	10	33.3%

事業税合計

	合計		対前期末増減額	対前期末増減率
	前期	当期		
前期末残高	170	280	110	64.7%
前期確定申告納付額	△170	△280	△110	64.7%
当期発生額	370	360	△10	△2.7%
中間納付額	△90	△170	△80	88.9%
当期末残高	280	190	△90	△32.1%

税申告書別表四で計算される所得金額とおおむね同じです。法人税の課税所得の増減要因については，第2章第2節2(1)をご参照ください。

③付加価値割の影響

　図表3-15の外形標準課税の当期発生額によると，付加価値割は前期30に対して当期40であり10増加しています。付加価値割の課税標準と損益計算書科目との関係は図表3-16のように示すことができます。また，付加価値割の課税標準ごとの期間比較分析は，図表3-17のような構成要素の前期比較表を使って行います。

　図表3-17から，課税標準合計が6.3%増加した要因は，単年度の損益の減少に対して，報酬給与額，純支払利子，純支払賃借料が増加したためといえます。これを図表3-16に基づき損益計算書との関連で検討すると，例えば，新店舗を開設するにあたり，土地建物を賃借し（支払賃借料の増加），内装造作や設備の購入のための資金を借り入れ（支払利息の増加），従業員を新規採用した（人件費の増加）ため，立ち上げ時の損益が悪化したという状況が考えられます。このように，それぞれの増減内容は相互に関連しているので，事業活動の状況との整合という視点でレビューすることが重要です。

④資本割の影響

　図表3-15の外形標準課税の当期発生額によると，資本割は変動していません。資本割の課税標準は資本金等の額であるため，通常の事業活動において資本金等の額や税率に変更がないと仮定すれば，毎期変動がないと考えられます。貸借対照表（図表3-10）の資本金にも変動がないことから，増資や減資が行われていないことが想定されます。

⑤中間納付額の影響

　図表3-15の事業税合計，中間納付額は前期90に対して，当期170であり80増加しています。これが，法人税の分析と同じように，事業税の未払額が減

図表3-16　付加価値割と損益計算書の関係

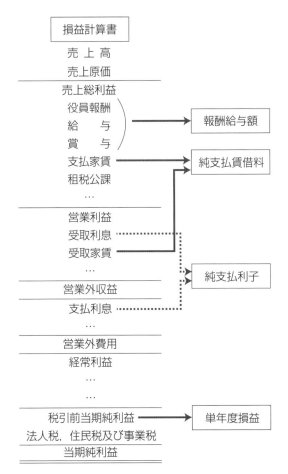

図表3-17　付加価値額の構成要素の期間比較表

課税標準	前期	当期	増減額	増減率
単年度の損益	3,500	3,000	△ 500	△14.3%
報酬給与額	2,500	3,100	600	24.0%
純支払利子	100	200	100	100.0%
純支払賃借料	200	400	200	100.0%
合計	6,300	6,700	400	6.3%

少している要因の1つと考えられます。なお，中間納付額の増減要因については，第2章第2節1（1）②をご参照ください。

２．住民税・事業税申告書の期間比較分析

（1）住民税申告書の期間比較分析

　住民税申告書の様式には，道府県民税（地法規則第六号様式）と市町村民税（地法規則第二十号様式）があり，東京都民税については，おおむね道府県民税の申告書の要領で作成し，市町村民税の申告書は不要です。図表3-18においては，道府県民税と市町村民税の両方の共通部分を示しています。

　また，住民税の法人税割と均等割は，それぞれの課税標準が異なるため，個別に期間比較分析を行います。

①法人税割額の期間比較分析

　法人税割額の課税標準となる法人税額は，法人税申告書別表一（一）で計算した法人税額に「試験研究費の額に係る法人税額の特別控除額（図表3-18②，以下○数字のみ）」などの調整を行います。このように，課税標準の金額算定に必要な情報は，法人税申告書別表一（一）から転記しますので，当該申告書の増減要因については，第2章第2節2（2）をご参照ください。

　図表3-18の増減分析表において，「法人税法の規定によって計算した法人税額（①）」は，前期1,500に対して当期は1,280であり220減少（△14.7%）していますが，「試験研究費の額に係る法人税額の特別控除額（②）」（以下，「試験研究費控除額」という）が，前期150に対して当期300であり150増加しているため，「課税標準となる法人税額（④）」は，70の減少（△4.2%）となり，法人税割額もおおむね同率増加しています。試験研究費控除額が増加しているのは，研究開発活動が活発に行われているなどに起因しますので，事業における研究開発活動との関連を確かめることが大切です。

図表3-18　住民税申告書の増減分析表

摘要		前期	当期	増減額	増減率
法人税割	法人税法の規定によって計算した法人税額　①	1,500	1,280	△220	△14.7%
	試験研究費の額に係る法人税額の特別控除額　②	150	300	150	100.0%
	×××	××	××	××	××
	課税標準となる法人税額　①＋②　④	1,650	1,580	△70	△4.2%
	×××	××	××	××	××
	法人税割額　④×税率　⑥	330	310	△20	△6.1%
	×××控除額　⑧	60	90	30	50%
	差引法人税割額　⑥－⑧　⑨	270	220	△50	△18.5%
	既に納付の確定した当期分の法人税割額　⑩	50	130	80	160.0%
	×××	××	××	××	××
	この申告により納付すべき法人税割額　⑨－⑩　⑫	220	90	△130	△59.1%
均等割	算定期間中において事務所等を有していた月数　⑬	12	12	0	0.0%
	均等割額×12/12ヵ月　⑭	20	20	0	0.0%
	既に納付の確定した当期分の均等割額　⑮	10	10	0	0.0%
	この申告により納付すべき均等割額　⑭－⑮　⑯	10	10	0	0.0%
合計	この申告により納付すべき住民税額　⑫＋⑯　⑰	230	100	△130	△56.5%
	見込納付額　⑱	0	0	0	
	差引　⑰－⑱　⑲	230	100	△130	△56.5%

　また，法人税割額（⑥）から控除項目（⑧）を控除し，差引法人税割額（⑨）が算定されます。法人税割額の未納付額（⑫）は，中間納付額（⑩）の影響を受けます。

②均等割額の期間比較分析

　住民税の均等割額は，企業の業績によらず事務所等を有していた月数によって各法人に均等に生じる税金です（図表3-5参照）。事務所等の移転がなく，均等割の税率自体に変更がない場合，均等割額は前期から変動しないと考えられます。

(2) 事業税申告書の期間比較分析

　事業税は，事業税申告書（地法規則第六号様式）において，所得割，付加価値割，資本割をそれぞれ計算し，特別法人事業税を加えます。それぞれの課税標準が異なるため，個別に期間比較分析を行います。

①所得割額の分析

　所得割額の課税標準となる所得金額は，法人税の課税所得を算出する法人税申告書別表四で計算される所得金額とおおむね同じです。法人税の課税所得の増減要因については，第2章第2節2 (1) をご参照ください。

　所得割額（⑤）は，前期130に対して当期は120であり10減少していますが，これは所得金額総額（①）が減少していることが要因と考えられます。

②付加価値割額の分析

　図表3-17で示したように，付加価値割額は，報酬給与額，純支払利子，純支払賃貸料，単年度損益によって構成されているので，それぞれについて事業活動の状況との関連性に注目してレビューすることが大切です。付加価値割額（⑦）は，前期30に対して当期は40であり10増加していますが，増減要因については，本節1 (2) ③をご参照ください。

　なお，付加価値額総額（⑥）と付加価値額（⑦）は，雇用安定控除の適用を受ける場合に違いが生じます（地法72条の20）。

③資本割額の分析

　資本割額の課税標準となる資本金や資本積立金は，増資・減資などを行っていないかぎり変動することはないと考えられます。資本割額（⑨）に変動はありませんが，詳細は，本節1 (2) ④をご参照ください。

　なお，資本金等の額総額（⑧）と資本金等の額（⑨）は，特定内国法人に係る特例等に該当する場合などに違いが生じます（地法72条の21第1項，5項〜7項，72条の22）。

図表3-19　事業税申告書の期間比較表

（事業税）

摘要			前期		当期		増減額		増減率	
			課税標準	税額	課税標準	税額	課税標準	税額	課税標準	税額
所得割	所得金額総額	①	6,500		6,200		△300		△4.6%	
	×××									
	軽減税率不適用法人の金額	⑤	6,500	130	6,200	120	△300	△10	△4.6%	△7.7%
付加価値割	付加価値額総額	⑥	6,300		6,700		400		6.3%	
	付加価値額	⑦	6,300	30	6,700	40	400	10	6.3%	33.3%
資本割	資本金等の額総額	⑧	10,000		10,000		0		0.0%	
	資本金等の額	⑨	10,000	20	10,000	20	0	0	0.0%	0.0%
合計事業税額 ⑤＋⑦＋⑨		⑩		180		180		0		0.0%
既に納付の確定した当期分の事業税額		⑪		50		80		30		60.0%
この申告書により納付すべき事業税額 ⑩－⑪		⑫		130		100		△30		△23.1%

（特別法人事業税）

摘要		前期		当期		増減額		増減率	
		課税標準	税額	課税標準	税額	課税標準	税額	課税標準	税額
所得割に係る特別法人事業税額	⑮	130	190	120	180	△10	△10	△7.7%	△5.3%
合計特別法人事業税額	⑯		190		180		△10		△5.3%
既に納付の確定した当期分の特別法人事業税額	⑰		40		90		50		125.0%
この申告書により納付すべき特別法人事業税額 ⑯－⑰	⑱		150		90		△60		△40.0%

※軽減税率不適用法人の場合としている。

第3章

住民税・事業税

④特別法人事業税

　特別法人事業税の課税標準は基準法人所得税額（事業税本税の所得割額）
であり，法人税の課税所得と同じ傾向となりますので，その関連を確かめる
ことが大切です。法人税の課税所得の増減分析については，第2章第2節2
(1) 法人税申告書別表四に関する期間比較分析をご参照ください。

　特別法人事業税（⑮）は，前期190に対して当期は180であり10減少してい
ますが，これは所得金額総額（①）が減少していることが要因です。

　なお，当該税率は，外形標準課税適用法人か否かで異なりますので，その
適用に変動があった場合には，金額が大きく変動することに留意が必要です。

第2節　これだけはおさえよう！

１．決算書の期間比較分析

　　未払法人税等を構成している，当期税金費用と中間申告納付の発生状況
　を理解して，当期の増減内容に照らしてレビューします。

２．住民税と事業税の特殊な構成要素

　　住民税と事業税には，法人税にはない均等割額，外形標準課税，特別法
　人事業税などが含まれていますので，増減分析の状況によっては，それら
　の内容を理解し，事業活動等との関連を把握することが大切です。

３．住民税申告書の期間比較分析

　①　住民税申告書は，法人税額を基準に計算されるため，法人税申告書の増
　　減内容を把握することが重要です。

　②　住民税申告書には，道府県民税申告書と市町村民税申告書があります。

４．事業税申告書の期間比較分析

　　事業税申告書は，課税所得を基準に計算されるため，法人税申告書の増
　減内容を把握することが重要です。

第3節　決算書と住民税・事業税申告書との整合性チェック

１．決算書と住民税・事業税申告書の概要

(1) 住民税・事業税申告書の種類

　住民税・事業税申告書には，主に次のような種類がありますが，本書では，星印（★）の申告書について，決算書との対応関係を理解し，整合性チェックに役立つように解説します。

図表３-20　住民税・事業税申告書の主な種類

	様式番号	別表の種類
★	6号	道府県民税・事業税・特別法人事業税の申告書
	6号別表5	所得金額に関する計算書
	6号別表5の2	付加価値額及び資本金等の額の計算書
	6号別表5の2の2	付加価値額に関する計算書
	6号別表5の2の3	資本金等の額に関する計算書
	6号別表5の3	報酬給与額に関する明細書
	6号5の4	純支払利子に関する明細書
	6号5の5	純支払賃借料に関する明細書
	9号の2	利子割額の控除・充当・還付に関する明細書
	9号の3	利子割額の都道府県別明細書
	10号	課税標準の分割に関する明細書（事業税，道府県民税）
★	20号	市町村民税の申告書
	22号の2	課税標準の分割に関する明細書（市町村民税）

※実際の別表の番号は漢数字が使用されているが，簡便的にアラビア数字にしている。

(2) 決算書と住民税・事業税申告書との対応関係

　決算書と，住民税・事業税申告書の対応の流れは，次のとおりです。

図表3-21　決算書と住民税・事業税申告書の対応のイメージ図

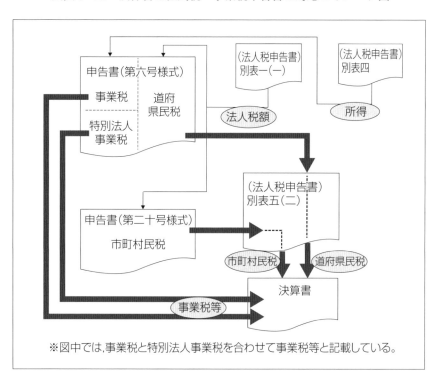

　また，貸借対照表および損益計算書と，住民税・事業税申告書の対応関係は，図表3-22のとおりです。

図表 3 -22　決算書と住民税・事業税申告書の対応表

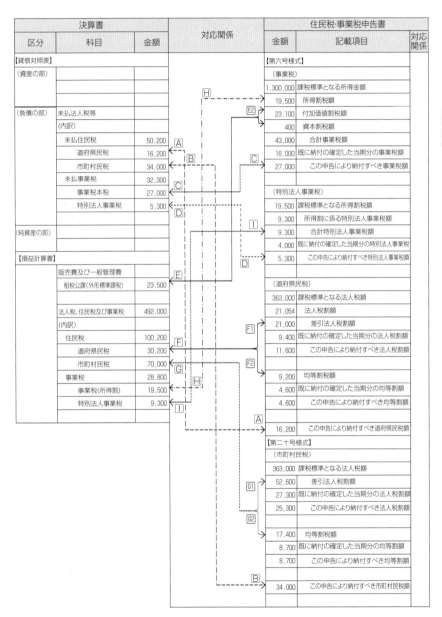

決算書			対応関係	住民税・事業税申告書			対応関係
区分	科目	金額		金額	記載項目		
【貸借対照表】				【第六号様式】			
(資産の部)				(事業税)			
				1,300,000	課税標準となる所得金額		
			H	19,500	所得割税額		
(負債の部)	未払法人税等		E2	23,110	付加価値割税額		
	(内訳)			400	資本割税額		
	未払住民税	50,200	A	43,000	合計事業税額		
	道府県民税	16,200	B	16,000	既に納付の確定した当期分の事業税額		C
	市町村民税	34,000		27,000	この申告により納付すべき事業税額		
	未払事業税	32,300					
	事業税本税	27,000	C	(特別法人事業税)			
	特別法人事業税	5,300	D	19,500	課税標準となる所得割額		
				9,300	所得割に係る特別法人事業税額		
(純資産の部)			I	9,300	合計特別法人事業税額		
				4,000	既に納付の確定した当期分の特別法人事業税額		D
【損益計算書】				5,300	この申告により納付すべき特別法人事業税額		
	販売費及び一般管理費		E				
	租税公課(外形標準課税)	23,500		(道府県民税)			
				363,000	課税標準となる法人税額		
	法人税,住民税及び事業税	492,000		21,054	法人税割額		
	(内訳)		F1	21,000	差引法人税割額		
	住民税	100,200	F	9,400	既に納付の確定した当期分の法人税割額		F1
	道府県民税	30,200		11,600	この申告により納付すべき法人税割額		
	市町村民税	70,000	G	F2			
	事業税	28,800	H	9,200	均等割税額		
	事業税(所得割)	19,500		4,600	既に納付の確定した当期分の均等割額		F2
	特別法人事業税	9,300	I	4,600	この申告により納付すべき均等割額		
			A	16,200	この申告により納付すべき道府県民税額		
				【第二十号様式】			
				(市町村民税)			
				363,000	課税標準となる法人税額		
			G1	52,600	差引法人税割額		
				27,300	既に納付の確定した当期分の法人税割額		G1
				25,300	この申告により納付すべき法人税割額		
			G2				
				17,400	均等割税額		
				8,700	既に納付の確定した当期分の均等割額		G2
				8,700	この申告により納付すべき均等割額		
			B	34,000	この申告により納付すべき市町村民税額		

第3章　住民税・事業税

表中の アルファ ベット	決算書	住民税・事業税申告書
A	【貸借対照表】 　未払住民税に含まれる道府県民税の未 払額	【第六号様式】（道府県民税） 　この申告により納付すべき道府県民税 額
B	【貸借対照表】 　未払住民税に含まれる市町村民税の未 払額	【第二十号様式】（道府県民税） 　この申告により納付すべき市町村民税 額
C	【貸借対照表】 　未払事業税に含まれる事業税本税の未 払額（外形標準課税を含む）	【第六号様式】（事業税） 　この申告により納付すべき事業税額
D	【貸借対照表】 　未払事業税に含まれる特別法人事業税 の未払額	【第六号様式】（特別法人事業税） 　この申告により納付すべき特別法人事 業税額
E	【損益計算書】 　販売費及び一般管理費に含まれる事業 税（付加価値割，資本割）の計上額　（外 形標準課税がある場合）	【第六号様式】（事業税） 　付加価値割税額＋資本割税額
F	【損益計算書】 　「法人税，住民税及び事業税」に含まれ る道府県民税の計上額	【第六号様式】（道府県民税） 　差引法人税割額＋均等割額
G	【損益計算書】 　「法人税，住民税及び事業税」に含まれ る市町村民税の計上額	【第二十号様式】（市町村民税） 　差引法人税割額＋均等割額
H	【損益計算書】 　「法人税，住民税及び事業税」に含まれ る事業税（所得割）の計上額	【第六号様式】（事業税） 　所得割税額
I	【損益計算書】 　「法人税，住民税及び事業税」に含まれ る特別法人事業税の計上額	【第六号様式】（特別法人事業税） 　合計特別法人事業税額

※税額控除および見込納付額はないと仮定する。

2．決算書と住民税・事業税申告書の整合性チェックの設例

　決算書と住民税・事業税申告書の対応関係を解説するために，図表3-23から図表3-26において，関連する項目を抜粋した貸借対照表，損益計算書，法人税申告書および道府県民税・事業税申告書，市町村民税申告書を示します。なお，図表中の①～⑭は各々の金額の関連性を示します。

図表3-23　貸借対照表，損益計算書

※表中の番号は次項以降の設例と対応している

貸借対照表

科目	金額	科目	金額
（資産の部）		（負債の部）	
		未払法人税等	282,500

（未払法人税等の内訳）

未払法人税	200,000			
未払住民税	50,200	道府県民税申告額［確定］	①	16,200
		市町村民税申告額［確定］	②	34,000
未払事業税	32,300	事業税申告額［確定］　所得割		13,700
		〃　　付加価値割	③	13,100
		〃　　資本割		200
		特別法人事業税申告額［確定］	④	5,300
計	282,500			

損益計算書

科目	金額
販売費及び一般管理費	
租税公課（事業税）	23,500
（内訳）	
付加価値割額　　　　　　　⑪	23,100
資本割額　　　　　　　　　⑫	400
税引前当期純利益	1,316,500
法人税，住民税及び事業税	492,000
当期純利益	824,500

（法人税，住民税及び事業税の内訳）

法人税	363,000			
住民税	100,200	道府県民税申告額［中間＋確定］	⑤+⑥	30,200
		市町村民税申告額［中間＋確定］	⑦+⑧	70,000
事業税	28,800	事業税所得割額［中間＋確定］	⑨	19,500
		特別法人事業税申告額[中間＋確定]	⑩	9,300
計	492,000			

図表3-24　法人税申告書

法人税申告書　別表一（一）

所得金額又は欠損金額	1		1,300,000
法人税額計	2	⑬	363,000
控除税額	3		3,000
差引所得に対する法人税額	4		360,000
中間申告分の法人税額	5		160,000
差引確定法人税額	6		200,000

控除税額	所得税の額	7	2,000
	外国税額	8	1,000
	計	9	3,000

法人税申告書　別表四

区分		総額	処分		
			留保	社外流出	
当期利益又は当期欠損の額	1	824,500	724,500	配当	100,000
				その他	
加算					
	小　計	2	×××	×××	×××
減算					
	小　計	3	×××	×××	×××
仮　計	4	×××	×××	×××
法人税額から控除される所得税額	5	2,000		その他	2,000
税額控除の対象となる外国法人税の額等	6	1,000		その他	1,000
差引計	7	1,300,000	×××		×××
所得金額又は欠損金額	8	⑮ 1,300,000			

法人税申告書　別表五（一）

I 利益積立金額の計算に関する明細書

区分		期首現在利益積立金額	当期の増減			差引翌期首現在利益積立金額
			減	増		
納税充当金	27	272,000	272,000		282,500	282,500
未納法人税等	未納法人税	28	△ 181,000	△ 341,000	中間 △ 160,000 確定 △ 200,000	△ 200,000
	未納道府県民税	29	△ 15,000	△ 29,000	中間 △ 14,000 確定 ① △ 16,200	① △ 16,200
	未納市町村民税	30	△ 22,000	△ 58,000	中間 △ 36,000 確定 ② △ 34,000	② △ 34,000

※本設例では地方法人税について省略している。

図表3-25　道府県民税・事業税・特別法人事業税申告書

道府県民税・事業税・特別法人事業税申告書

	摘要		課税標準	税率[1/100]	税額	（使途秘匿金税額等）法人税法の規定によって計算した法人税額			
事業税	所得金額総額	33	※1 [14] 1,300,000			法人税法の規定によって計算した法人税額	1	[13] 363,000	道府県民税
所得割	年400万円以下の金額	34	1,300,000	1.50 ※2	19,500	試験研究費の額に係る法人税額の特別控除額	2		
	年400万円を超え年800万円以下の金額	35					3		
	年800万円を超える金額	36					4		
	計	37	1,300,000		[9] 19,500		5		
	軽減税率不適用法人の金額	38			※3	課税標準となる法人税額又は個別帰属法人税額	6	363,000	
付加価値割	付加価値額総額	39	4,813,000				7		
	付加価値額	40	4,813,000	0.48 ※2	[11] 23,100	法人税割額 [5.8/100] ※2	8	21,054	
資本割	資本金等の額総額	41	200,000			外国の法人税等の額の控除額	9		
	資本金等の額	42	200,000	0.20 ※2	[12] 400		10		
収入割		43							
		44				差引法人税割額	12	[5] 21,000	
	合計事業税額 37＋40＋42＋44 又は 38＋40＋42＋44	45			43,000	既に納付の確定した当期分の法人税割額	13	9,400	
		46		既に納付の確定した当期分の事業税額	47	16,000		14		
		48		この申告により納付すべき事業税額	49	[3] 27,000	15		
49の内訳	所得割	50	13,700	付加価値割	51	13,100	この申告により納付すべき法人税割額	16	11,600
	資本割	52	200	収入割	53		算定期間中に事務所等を有していた月数	17	12 月
	49のうち見込納付額	54	0	差引	55	27,000	均等割額 9,200 円×12/12 ※2	18	[6] 9,200
特別法人事業税	摘要		課税標準	税率[1/100]	税額	既に納付の確定した当期分の均等割額	19	4,600	
	所得割に係る特別法人事業税額	56	19,500	48.00	9,300	この申告により納付すべき均等割額	20	4,600	
58の内訳		57				この申告により納付すべき道府県民税額	21	[1] 16,200	
	合計特別法人事業税額 （56＋57）	58			[10] 9,300		22		
		59		既に納付の確定した当期分の特別法人事業税額	60	4,000	差引	23	16,200
		61		この申告により納付すべき特別法人事業税額	62	[4] 5,300			
		62のうち見込納付額 63		差引	64	5,300			

※1 事業税所得割の課税標準として法人税の所得金額をそのまま使用しており、調整すべき金額はないものと仮定している。

※2 税率および均等割額の値は例示である。

※3 軽減税率適用法人としている。

図表3−26　市町村民税申告書

市町村民税申告書

摘要		課税標準	法人税割額	
			税率	税額
（使途秘匿金税額等） 法人税法の規定によって計算した法人税額	1	⑬ 363,000		
課税標準となる法人税額又は個別帰属法人税額 及びその法人税割額　　　①×税率	6	363,000	$\frac{14.5}{100}$ ※	52,635
差引法人税割額	10			⑦ 52,600
既に納付の確定した当期分の法人税割額	11			27,300
この申告により納付すべき法人税割額　⑩−⑪	13			25,300
均等割額	算定期間中において事務所等を有していた月数 14 ｜ 12月 ｜※ 17,400円× $\frac{⑭}{12}$ ｜ 15			⑧ 17,400
	既に納付の確定した当期分の均等割額		16	8,700
	この申告により納付すべき均等割額　⑮−⑯		17	8,700
この申告により納付すべき市町村民税額　⑬+⑰		18		② 34,000
差　引		20		34,000

※税率および均等割額の値は例示である。

(1) 未払法人税等と住民税・事業税申告書の対応関係

①未払法人税等の構成要素

　貸借対照表の未払法人税等の期末残高は，原則として，法人税・地方法人税・住民税・事業税の確定申告額のうち，翌期に納付すると見込まれる金額を計上します。なお，未払法人税等には，事業税の外形標準課税の未払額も含まれるので留意が必要です（法人税等会計基準11項）。

②住民税の未払額の期末残高

　住民税は，申告納付先（および申告書様式）の違いによって道府県民税と市町村民税に分けられます。また，法人税額に基づく「法人税割額」と資本金や従業員数などに基づく「均等割額」を合算して税額を算出します。

図表3-27　貸借対照表（住民税の未払額）

貸借対照表			
科目	金額	科目	金額
（資産の部）		（負債の部）	
		未払法人税等	282,500

（未払法人税等の内訳）				
未払法人税	200,000			
未払住民税	50,200	道府県民税申告額[確定] ①	16,200	
		市町村民税申告額[確定] ②	34,000	
未払事業税	32,300	事業税申告額[確定] 所得割	13,700	
		〃　　　　付加価値割③	13,100	
		〃　　　　資本割	200	
		特別法人事業税申告額[確定] ④	5,300	
計	282,500			

（ア）道府県民税

貸借対照表に計上した未払住民税のうち，道府県民税の残高16,200は，道府県民税申告書の「この申告により納付すべき道府県民税額」の金額と一致します。⊡　　また，法人税申告書別表五（一）（図表3-24）の未納道府県税の増加欄「確定」および「差引翌期首現在利益積立金」と一致します。

図表3-28　道府県民税申告書（住民税の未払額）

道府県民税申告書			
（使途秘匿金税額等） 法人税法の規定によって計算した法人税額	1	363,000	（道府県民税）
課税標準となる法人税額又は個別帰属法人税額	6	363,000	
法人税割額 $\left[\frac{5.8}{100}\right]$ ※　⑥×税率	8	21,054	
差引法人税割額	12	21,000	
既に納付の確定した当期分の法人税割額	13	9,400	
この申告により納付すべき法人税割額　⑫－⑬	16	11,600	
均等割額 算定期間中に事務所等を有していた月数	17	12　月	
均等割額 9,200 円×$\frac{⑰}{12}$　※	18	9,200	
均等割額 既に納付の確定した当期分の均等割額	19	4,600	
均等割額 この申告により納付すべき均等割額　⑱－⑲	20	4,600	
この申告により納付すべき道府県民税額　⑯＋⑳	21	⊡ 16,200	
差　　引	23	16,200	

※　税率および均等割額の値は例示である。

（イ）市町村民税

　貸借対照表に計上した未払住民税のうち，市町村民税の残高34,000は，市町村民税申告書の「この申告により納付すべき市町村民税額」の金額と一致します。 2 　また，法人税申告書別表五（一）（図表3-24）の未納市町村民税の増加欄「確定」および「差引翌期首現在利益積立金」と一致します。

図表3-29　市町村民税申告書（住民税の未払額）

市町村民税申告書					
摘要		課税標準	法人税割額		
			税率	税額	
（使途秘匿金税額等）法人税法の規定によって計算した法人税額	1	363,000			
課税標準となる法人税額又は個別帰属法人税額及びその法人税割額　①×税率	6	363,000	$\frac{14.5}{100}$※	52,635	
差引法人税割額	10			52,600	
既に納付の確定した当期分の法人税割額	11			27,300	
この申告により納付すべき法人税割額　⑩−⑪	13			25,300	
均等割額	算定期間中において事務所等を有していた月数	14	12 月 17,400円×$\frac{⑭}{12}$※ 15	17,400	
	既に納付の確定した当期分の均等割額			16	8,700
	この申告により納付すべき均等割額　⑮−⑯			17	8,700
この申告により納付すべき市町村民税額　⑬＋⑰	18		2	34,000	
差　引	20			34,000	

※税率および均等割額の値は例示である。

③事業税の未払額の期末残高

　事業税は，大きく分けて事業税本税と特別法人事業税により構成されています。事業税本税について，所得割額のほか，資本金1億円超の法人は外形標準課税が適用され，付加価値割額および資本割額を合算して税額を算出します。また，特別法人事業税は，基準法人所得割額（事業税本税の所得割額）を課税標準として税額を算出します。

　図表3-31における，税金発生額と未納付額との関係は次のとおりです。

図表3-30　設例の事業税発生額と未納付額

	発生額	すでに納付した額	未納付額
所得割	19,500	5,800	13,700
付加価値割	23,100	10,000	13,100
資本割	400	200	200
事業税本税計	43,000	16,000	27,000
特別法人事業税	9,300	4,000	5,300
事業税合計	52,300	20,000	32,300

（ア）事業税本税

　貸借対照表（図表3-27）に計上した，未払事業税の残高のうち，事業税本税27,000（＝所得割13,700＋付加価値割13,100＋資本割200）は，事業税申告書の「この申告により納付すべき事業税額」の金額と一致します。③

（イ）特別法人事業税

　貸借対照表（図表3-27）に計上した，未払事業税の残高のうち，特別法人事業税5,300は，事業税申告書の「この申告により納付すべき特別法人事業税額」の金額と一致します。④

図表 3-31　事業税申告書（事業税の未払額）

事業税申告書

（事業税）	摘要			課税標準	税率[$\frac{}{100}$]	税額
（所得割）	所得金額総額	33	※1	1,300,000		
	年400万円以下の金額	34		1,300,000	1.50※2	19,500
	年400万円を超え年800万円以下の金額	35				
	年800万円を超える金額	36				
	計	37		1,300,000		19,500
（付加価値割）	付加価値額総額	39		4,813,000		
	付加価値額	40		4,813,000	0.48※2	23,100
（資本割）	資本金等の額総額	41		200,000		
	資本金等の額	42		200,000	0.20※2	400

合計事業税額　37＋40＋42＋44 又は 38＋40＋42＋44				45	43,000
	46		既に納付の確定した当期分の事業税額	47	16,000
	48		この申告により納付すべき事業税額	49 ③	27,000
49の内訳	所得割 50	13,700	付加価値割	51	13,100
	資本割 52	200	収入割	53	
49のうち見込納付額 54		0	差　引	55	27,000

（特別法人事業税）	摘要			課税標準	税率[$\frac{}{100}$]	税額
58の内訳	所得割に係る特別法人事業税額	56		19,500	48.00※2	9,300
		57				

合計特別法人事業税額　（56+57）				58	9,300
	59		既に納付の確定した当期分の特別法人事業税額	60	4,000
	61		この申告により納付すべき特別法人事業税額	62 ④	5,300
62のうち見込納付額 63			差　引	64	5,300

※1 事業税所得割の課税標準として法人税の所得金額をそのまま使用しており，調整すべき金額はないものと仮定している。
※2 税率の値は例示である。

(2) 決算書の「住民税」と住民税申告書の対応関係

　損益計算書に計上された「法人税，住民税及び事業税」の金額は，当期に発生した税金費用のうち，法人税・地方法人税・住民税・事業税（特別法人事業税を含む）などから構成されます。

　このうち「住民税」は，主に道府県民税，市町村民税の当期申告額などから構成されます。

　住民税の損益計算書（図表 3 -32）への計上額について，住民税申告書
（図表 3 -33，34）との対応関係を検討します。

図表 3 -32　損益計算書（住民税）

損益計算書

科目	金額
税引前当期純利益	1,316,500
法人税,住民税及び事業税	492,000
当期純利益	824,500

（法人税,住民税及び事業税の内訳）

法人税	363,000	
住民税	100,200	［道府県民税申告額[中間＋確定] ⑤＋⑥　30,200］ ［市町村民税申告額[中間＋確定] ⑦＋⑧　70,000］
事業税	28,800	
計	492,000	

①道府県民税の申告額

　道府県民税は，法人税割額と均等割額を合算して税額を算出します。その
ため，損益計算書に計上した道府県民税の当期申告額30,200は，道府県民税
申告書（図表 3 -33）の「差引法人税割額」21,000 ⑤ と，「均等割額（月割
後）」9,200 ⑥ を合算した金額と一致します。

図表3-33　道府県民税申告書（住民税）

道府県民税申告書

（使途秘匿金税額等） 法人税法の規定によって計算した法人税額	1		363,000	（道府県民税）
課税標準となる法人税額又は個別帰属法人税額	6		363,000	
法人税割額 $[\frac{5.8}{100}]$ ※　⑥×税率	8		21,054	
差引法人税割額	12	⑤	21,000	
既に納付の確定した当期分の法人税割額	13		9,400	
この申告により納付すべき法人税割額　⑫−⑬	16		11,600	
均等割額	算定期間中に事務所等を有していた月数	17	12　月	
	9,200 円×$\frac{⑰}{12}$　※	18	⑥　9,200	
	既に納付の確定した当期分の均等割額	19	4,600	
	この申告により納付すべき均等割額　⑱−⑲	20	4,600	
この申告により納付すべき道府県民税額　⑯+⑳	21		16,200	
差　引	23		16,200	

※ 税率および均等割額の値は例示である。

②市町村民税の申告額

　市町村民税も道府県民税と同様に，法人税割額と均等割額を合算して税額を算出します。そのため，損益計算書に計上した市町村民税の当期申告額70,000は，市町村民税申告書（図表3-34）の「差引法人税割額」52,600 ⑦と「均等割額（月割後）」17,400 ⑧ を合算した金額と一致します。

図表3-34　市町村民税申告書（住民税）

市町村民税申告書

摘要		課税標準	法人税割額	
			税率	税額
（使途秘匿金税額等）法人税法の規定によって計算した法人税額	1	363,000		
課税標準となる法人税額又は個別帰属法人税額及びその法人税割額　①×税率	6	363,000	$\frac{14.5}{100}$ ※	52,635
差引法人税割額	10			⑦ 52,600
既に納付の確定した当期分の法人税割額	11			27,300
この申告により納付すべき法人税割額　⑩−⑪	13			25,300
均等割額	算定期間中において事務所等を有していた月数 14　12　月 ※17,400 円×$\frac{⑭}{12}$		15	⑧ 17,400
	既に納付の確定した当期分の均等割額		16	8,700
	この申告により納付すべき均等割額　⑮−⑯		17	8,700
この申告により納付すべき市町村民税額　⑬+⑰			18	34,000
差　引			20	34,000

※税率および均等割額の値は例示である。

(3) 決算書の「事業税」と事業税申告書の対応関係

　損益計算書に計上された「法人税，住民税及び事業税」のうち，「事業税」
は，当期申告額に含まれる「所得割額」と「特別法人事業税」などから構成
されます。なお，外形標準課税適用法人には，「付加価値割額」および「資
本割額」（あわせて外形標準課税）が課せられますが，それらは，「販売費及
び一般管理費」（例えば，「租税公課」など）に計上します。

　事業税と特別法人事業税の損益計算書（図表3-35）への計上額につい
て，事業税申告書（図表3-36）との対応関係を検討します。

図表3-35　損益計算書（事業税）

損益計算書	
科目	金額
販売費及び一般管理費 　租税公課（事業税） 　（内訳）	23,500
付加価値割額	⑪　23,100
資本割額	⑫　　　400
税引前当期純利益	1,316,500
法人税，住民税及び事業税	492,000
当期純利益	824,500

（法人税，住民税及び事業税の内訳）

法人税	363,000		
住民税	100,200		
事業税	28,800	事業税所得割額[中間＋確定]　⑨　19,500 特別法人事業税申告額[中間＋確定]　⑩　9,300	
計	492,000		

①事業税の当期申告額（所得割額）

　損益計算書に計上した「法人税，住民税及び事業税」のうち，「事業税」
の所得割額19,500は，事業税申告書の「所得割（計）」と一致します。⑨

②特別法人事業税の当期申告額

　損益計算書に計上した「法人税，住民税及び事業税」の特別法人事業税9,300は，事業税申告書の「合計特別法人事業税額」と一致します。10

③事業税の当期申告額（付加価値割額）

　損益計算書の租税公課に計上した事業税の付加価値割額23,100は，事業税申告書の「付加価値割（税額計）」と一致します。11

④事業税の当期申告額（資本割額）

　損益計算書の租税公課に計上した事業税の資本割額400は，事業税申告書の「資本割（税額計）」と一致します。12

図表3-36　事業税申告書（事業税）

事業税申告書

（事業税）所得割	摘　要		課税標準	税率[1/100]	税　額
	所得金額総額	33	※1　1,300,000		
	年400万円以下の金額	34	1,300,000	1.50※2	19,500
	年400万円を超え年800万円以下の金額	35			
	年800万円を超える金額	36			
	計	37	1,300,000		⑨ 19,500
価値割	付加価値額総額	39	4,813,000		
	付加価値額	40	4,813,000	0.48※2	⑪ 23,100
資本割	資本金等の額総額	41	200,000		
	資本金等の額	42	200,000	0.20※2	⑫ 400

合計事業税額　37＋40＋42＋44 又は 38＋40＋42＋44				45	43,000
	46		既に納付の確定した当期分の事業税額	47	16,000
	48		この申告により納付すべき事業税額	49	27,000
49の内訳	所得割	50	13,700	付加価値割 51	13,100
	資本割	52	200	収入割 53	
49のうち見込納付額 54			0	差　引 55	27,000

（特別法人事業税）	摘要		課税標準	税率[1/100]	税額
58の内訳	所得割に係る特別法人事業税額	56	19,500	48.00※2	9,300
		57			
合計特別法人事業税額　（56+57）				58	⑩ 9,300
	59		既に納付の確定した当期分の特別法人事業税額	60	4,000
	61		この申告により納付すべき特別法人事業税額	62	5,300
62のうち見込納付額 63				差　引 64	5,300

※1 事業税所得割の課税標準として法人税の所得金額をそのまま使用しており,調整すべき金額は
　　ないものと仮定している。
※2 税率の値は例示である。

会計士 memo　【特別法人事業税の概要】

　令和元年度の税制改正により，法人の事業税率が引き下げられ，地方法人特別税の後継制度として特別法人事業税が創設されました。

　特別法人事業税は，地方法人課税の税源の偏りを是正するために，法人事業税の一部を分離して導入されたものです。特別法人事業税として徴収された税収は，各都道府県に再配分されます。

　なお法人事業税の申告納付義務がある法人は，特別法人事業税についても申告納付する義務があり，法人事業税と同じ申告書・納付書により法人事業税と併せて都道府県に申告納付します。また，事業税と同様に法人税の所得の計算上損金の額に算入されます。

・・・・・・・・・・第3節　これだけはおさえよう！・・・・・・・・・・・・

　住民税，事業税の税額算定は，法人税申告書の作成過程で計算される「所得」や「法人税額」をもとに行われます。決算書に住民税，事業税を計上する際には必ず，住民税・事業税申告書に記載された「所得」や「法人税額」が最終の法人税申告書に記載された額と一致していることを確認しましょう。

第4章
消費税の税務レビュー

　消費税は，法人税などの利益に基づき算出される税目とは異なり，収益項目や費用項目の総額に基づいて算出するという特徴があります。また，消費税法においては事業者が行う取引を課税取引，非課税取引，免税取引，不課税取引に分類し，当該取引がいずれに分類されるかによって消費税の計算に影響します。そのほか，消費税の中間申告は，前期の消費税納付額によって申告しなければならない回数が異なるため，未払消費税等の残高に影響するという点も特徴のひとつです。

　本章では，このような消費税の性格に着目して消費税の税務レビューを説明します。また，本章の最後では，消費税計算で取り扱う課税売上割合などの特徴的な内容について解説します。

第1節　決算書の構成要素と税務レビュー

1．消費税の構成要素

　消費税は，消費という事実に対して課せられる税金であり，資産の売買などの取引に対して発生します。例えば，売上取引の場合には，次のように認識されます（税抜方式の場合）。

```
（借方）売　掛　金　××　　（貸方）売　　　　　上　××
　　　　　　　　　　　　　　　　　　仮受消費税等　××
```

　このように取引発生時には，仮受消費税等や仮払消費税等の科目によって資産・負債に計上され，期末において両者を相殺して，未払（未収）消費税等として表示します。

(1) 未払消費税等の勘定分析

　未払消費税等は，前期末の未払消費税残高が当期に支払われ，当期の取引によって仮受消費税および仮払消費税が計上され，また，中間申告納付額が支払われることによって増減します。期末残高が借方の場合は，未収消費税等となります。

図表4-1　未払消費税等の内訳

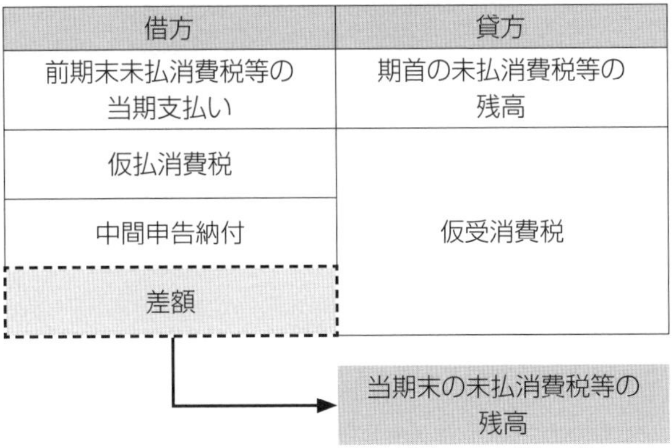

借方	貸方
前期末未払消費税等の当期支払い	期首の未払消費税等の残高
仮払消費税	仮受消費税
中間申告納付	
差額	

当期末の未払消費税等の残高

(2) 期末納付消費税額

　期末の納付消費税額は，消費税申告書に基づき，一般的に次のように計算されます。

納付消費税額＝課税標準額 × 税率－控除対象仕入税額等－中間申告納付額

　※一括比例配分方式の場合の控除対象仕入税額

　　＝課税仕入に係る消費税額 × 課税売上割合

図表4-2　納付消費税額

納付消費税額

課税標準×消費税率	中間納付額
	控除税額

(3) 仮受消費税，仮払消費税

　期中において計上される仮受消費税および仮払消費税と決算書の勘定科目との主な関係は図表4-3のとおりです。

図表4-3　仮受消費税と仮払消費税

①損益計算書項目（例示）

課税対象外	仮払消費税 （資産）	損益計算書	仮受消費税 （負債）	課税対象外
		売上高　→	国内売上	輸出売上
輸入仕入	国内仕入	←　売上原価		
給与	経費	←　販管費		
		営業外収益 →	賃貸料収入	受取利息
支払利息		←　営業外費用		
		特別利益　→	償却債権取立益	
減損損失	建物売却損	←　特別損失		

②貸借対照表項目（例示）

課税対象外	仮払消費税 （資産）	貸借対照表	仮受消費税 （負債）	課税対象外
土地売却損	建物売却損	←固定資産売却→	建物売却益	土地売却益
輸入仕入	国内仕入	←棚卸資産売買→	国内売上	輸出売上
有価証券売却損		←有価証券売却→		有価証券売却益

(4) その他の勘定科目

①租税公課（消費税）および雑収入（還付消費税）

　損益計算書に計上される消費税等は，図表4-4のように表示されます（消費税会計処理第5Ⅱ3，4）。

図表4-4　税抜方式と税込方式

方式	消費税の内容	表示科目	その他
税抜方式	控除対象外消費税	販管費の「租税公課」重要な場合は科目名を「消費税」	販売費及び一般管理費として表示することが適当でない場合には、売上原価、営業外費用等に表示することができる
税込方式	納付すべき消費税		
	還付された消費税	営業外収益の「雑収入」重要な場合は科目名を「還付消費税」	営業外収益として表示することが適当でない場合には、売上原価、販売費及び一般管理費等から控除して表示することができる

②長期前払消費税

　固定資産等は複数会計期間にわたって事業の用に供するため，固定資産等に係る控除対象外消費税を，一括して長期前払費用として費用配分する方法を採用することができます。長期前払消費税は，「長期前払消費税」等その内容を示す適当な名称を付した科目で貸借対照表に表示します。ただし，その金額が重要でない場合は，「投資その他の資産」の「その他」に含めて表示することができます（消費税会計処理第5 II 5）。

(5) 課税対象の取引

　消費税法では事業者が行った取引のすべてに消費税が課せられるわけではありません。消費税が課税されない取引としては，次の3種類があります。

①不課税取引	資産の贈与，国外における商品の販売など
②非課税取引	行政手数料など消費税の性質上，課税になじまないものや，住宅の貸付など政策的配慮等によるもの
③免税取引	国外への物品の輸出など

　上記のいずれにも該当しない取引について，消費税が課されることになります。詳細は，本章「第4節2　課税標準額を算出するための取引分類」をご参照ください。

(6) 中間申告納付

　消費税の中間納付は，前年度の消費税納付額に基づき，中間申告の納付時期，金額，回数が区分されます。それらをまとめると図表４-５のようになります（消法42条）。

図表４-５　消費税の中間申告納付の区分

前年度の消費税額	中間納付の支払時期	中間納付の支払回数	金額	３月決算の場合の支払月
4,800万円超	毎月	11回	前年度消費税額×1/12	７月末２回分＋８月末〜４月末まで計９回
400万円超4,800万円以下	３ヵ月ごと	３回	前年度消費税額×3/12	８月末11月末２月末
48万円超400万円以下	６ヵ月経過時	１回	前年度消費税額×6/12	11月末
48万円以下	不要	０回	—	—

※　仮決算に基づく申告・納付もある。
※　前年度の消費税額には地方消費税は含まない。
※　いずれの場合も中間納付のほかに確定納付が１回ある。

(7) 納税義務者

　消費税法では「事業者は国内において行った課税資産の譲渡等につき，この法律により消費税を納める義務がある」と規定していますので，消費税の納税義務者は事業者となります（消法４条１項，５条１項）。「資産の譲渡等」とは事業として対価を得て行われる資産の譲渡，貸付，役務の提供のことであり，企業が行う商品や製品の販売のほか，不動産賃貸などの資産の貸付，サービスの提供などが，消費税の課税対象となります（消法２条１項）。

　また，事業者とは，大きく法人と個人事業者の２つに分けることができます。法人が行う資産の譲渡等はすべて事業として行う資産の譲渡等に該当しますが，個人事業者が生活の用に供している資産を譲渡する行為は，事業として行う資産の譲渡等には該当しません（消基通５-１-１）。

2．消費税のレビューポイント

(1) 未払消費税の期間比較分析

　図表4-1の未払消費税等の勘定分析のように，未払消費税は，仮受消費税（売上取引等の収益項目から発生），仮払消費税（仕入取引等の費用項目から発生）および中間申告納付によって構成されているので，消費税をレビューするにあたっては，それぞれの発生要因を把握することがポイントです。

　ただし，消費税額は「課税取引」の金額に基づき算出されますので，本節「1 (5) 課税対象の取引」に記載したように，「課税取引」か否かに留意することが大切です。

　また，消費税額の算出にあたっては「課税売上割合」を用いて税額を算出しますので，この内容を把握することも大切です。

(2) 中間納付と四半期決算の関係

　消費税の構成要素でも触れましたが，消費税の中間納付は前年度の確定消費税額に応じて納付の回数が異なります。中間納付によって未払消費税等も変動するので，中間納付の回数・金額水準が前期と当期で変動しているかという点を把握することがポイントです。

(3) 消費税申告書の期間比較分析

　消費税申告書は納付税額を算出するために作成されます。納付税額は貸借対照表における未払消費税の構成要素と考えられることから，消費税申告書の期間比較分析を実施することによって未払消費税等の増減要因を把握することができます。

第4章
消費税

（4）決算書項目と申告書の整合性チェック

　消費税申告書の記載金額は，損益計算書に記載される収益・費用項目の金額をもとに算出されることから，両者の整合性をチェックすることによって，決算書の計上額や消費税申告書の記載額の誤りに気付く場合があります。

会計士memo　【消費税率の引き上げについて】

　消費税率は，平成26年4月に8％になり，令和元年10月に10％になりました。また，10％への税率引き上げに伴い，「酒類・外食を除く飲食料品」と「定期購読契約が締結された週2回以上発行される新聞」を対象に，消費税の軽減税率制度が実施され，令和元年10月1日からの消費税等の税率は，標準税率（10％）と軽減税率（8％）の複数税率となりました。

　このように，消費税等の税率が複数税率になりましたので，事業者は，消費税等の申告等を行うために，取引等を税率ごとに区分して記帳するなどの経理（「区分経理」）を行う必要があります。

～平成26年3月31日	～令和元年9月30日	令和元年10月1日～
5％	8％	標準税率　10％ 軽減税率　8％

チェックリスト

　消費税のレビューにあたり，事前に知っておくと効果的な情報に関する事項と，税務レビューのために直接的に必要な事項についてまとめると，次のとおりです。

No.	チェック項目	確認欄
1	消費税に係る会計処理に関する根拠資料を，担当者から入手したか。	
2	経理規程・マニュアル等の閲覧により，消費税に関して採用している会計方針を理解したか。	
3	消費税に関する会計方針について，変更の有無を確認したか。変更がある場合には，内容を把握したか。	
4	税務調査による重要な見解の相違はあるか。該当がある場合には会計処理上の対応を検討したか。	
5 ☆	消費税に関連する決算書の勘定科目について，前期数値と当期数値を比較し，その増減理由等を把握したか。また，事業活動と整合していることを理解したか。	
6	期末に計上している未払消費税等の貸借対照表残高には前期以前から滞留しているものなどが含まれていないことを確かめたか。	
7 ☆	決算書の関連科目と消費税申告書の整合を理解したか。	
8 ☆	消費税申告書における税額計算は，網羅的に行われていることを確かめたか。	

☆各節末に記載の「これだけはおさえよう！」に対応している。

第4章　消費税

第2節　消費税関連科目の期間比較分析

1．決算書の期間比較分析

　消費税に関係する貸借対照表科目，損益計算書科目および消費税申告書の各記載項目について，当年度数値を前年度数値などと比較し，異常がないか確認する方法について説明します。

図表4-6　増減分析表

貸借対照表科目	×1年	×2年	増減額	増減率
未払消費税等	14,000	33,000	19,000	135.7%

損益計算書科目	×1年	×2年	増減額	増減率
売上高	7,000,000	8,600,000	1,600,000	22.9%
売上原価	4,400,000	5,400,000	1,000,000	22.7%
売上総利益	2,600,000	3,200,000	600,000	23.1%
販売費及び一般管理費	1,000,000	1,200,000	200,000	5.0%
（販管費のうち賃貸料）	5,000	15,000	10,000	200.0%
建物売却益	0	500,000	500,000	―
土地売却益	0	1,000,000	1,000,000	―
償却債権取立益	0	100,000	100,000	―

(1) 未払消費税等の増減要因の把握

　未払消費税等が対前期比19,000（135.7%）増加しているので，当該要因を分析していきます。第1節で記載していますが，消費税は収益および費用に影響を受ける項目ですので，次項の増減要因の分析においては損益計算書に

着目して未払消費税等の増加要因を検討します。

(2) 未払消費税等の増減分析

①売上高の増加

　×1年に比べ売上高は1,600,000増加し，売上原価は1,000,000増加しています。その結果，売上総利益は600,000（23.1％）増加しています。したがって，課税標準額に対する消費税額と控除税額の差額は増加し，未払消費税等が増加した1つの要因となります。

②売上高に占める課税売上高の割合の増加

　×1年と×2年の売上高が一定であったと仮定した場合，輸出取引が減少したことによる免税売上高の減少などにより，売上高に占める課税売上割合が増加すると，未払消費税等の増加要因となります。

　しかし，課税売上割合が増加すると，それを乗じて計算する控除対象仕入税額が増加し，未払消費税等の減少要因にもなりますので，両者の関係を十分把握することが必要です。なお，「課税売上割合」についての解説は，「第4節3」をご参照ください。

③課税仕入高の減少

　×1年と×2年の売上原価が一定であったと仮定した場合，給与（製造原価）が増加したことによる不課税取引の増加などにより，売上原価に占める控除消費税額が減少すると，未払消費税等の増加要因となります。なお，「不課税取引」についての解説は，「第4節2（2）」をご参照ください。

④営業取引以外の影響

　消費税では，毎期発生するとは限らない次の取引も税額計算に影響しますので，これらの取引が税額計算に網羅的に反映されているか注意が必要です。

図表4−7　消費税納付額への影響要因

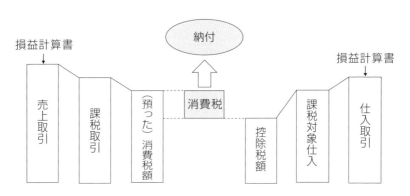

（ア）償却債権取立益の発生

　×1年では発生していなかった償却債権取立益が，×2年では100,000発生しています。償却債権取立益に係る消費税は，回収した期の預った消費税と考えますので，未払消費税等が増加する要因となります（消法39条3項）。

（イ）建物の売却

　×2年に建物売却益が500,000発生しています。建物のような固定資産の売却は未払消費税等の増加要因となります。この場合の課税標準は，建物売却益ではなく建物売却額全体となりますので，その影響は多額になるケースが多くあります（消基通5−2−1）。

　ただし，土地の売買は非課税取引となっていますので（消法6条1項，別表第1），×2年に計上している土地売却益1,000,000は，未払消費税等への影響はありません。

（ウ）不動産の賃借

　×2年に販管費に含まれる賃貸料が10,000増加しています。事業用建物の賃借料は課税仕入の増加となり，控除税額が増加することから，未払消費税

等の減少要因となります。

⑤中間納付額の影響

　中間納付は，前期の確定消費税額により当期の納付回数と納付時期が定められています（図表4-5参照）。期末の未払消費税等は中間納付額を控除した金額であり，各期の中間納付額に影響を受けます。中間納付額が減少すれば未払消費税等の増加要因となります。

　例えば，中間納付回数が3回から1回に減少すると，中間納付額が減少し，未払消費税等の増加要因となります。

⑥修正申告の影響

　未払消費税等に，修正申告による未納付額等が含まれている場合もありますので，留意が必要です。

⑦仮払消費税等と仮受消費税等の相殺漏れ

　前述の①～⑥までの増減要因を検討しても分析に不整合がある場合は，決算書に計上している仮払消費税等と仮受消費税等の相殺が一部漏れていることが考えられます。また，中間申告納付を仮払金等で処理している場合も，未払消費税等との相殺が必要ですが，それが漏れていることも考えられます。

(3) 中間納付と四半期決算の関係

　中間納付は，前期の確定消費税額により当期の納付回数と納付時期が定められています（図表4-5参照）ので，中間納付の回数の相違によって各四半期末の未払消費税等の残高に影響します。中間納付の回数によって，未払消費税等の金額はどのような影響を受けるのかについて検討します。

第4章

消費税

①年11回中間納付のケース

＜前提＞

　当期（３月決算）は，年間消費税額12,000（毎月1,000発生），毎月1,000の中間申告納付をしているとします。

図表４-８　四半期別増減分析表

科目	前期末	第１四半期	第２四半期	第３四半期	期末
未払消費税等	2,000	3,000	2,000	2,000	2,000

　第１四半期は，前期末の未払消費税等2,000が支払われ，当期の第１四半期の消費税額3,000が計上された結果，未払消費税等が3,000となっています。

　第２四半期は，毎月消費税が1,000発生しますが，中間納付は７月末に２回分と８月末，９月末の合計4,000となりますので，未払消費税等は2,000となります。

　第３四半期以降は，毎月消費税が1,000発生し，中間納付により1,000支払っているため，未払消費税等の残高の水準に増減は発生しません。

②年３回中間納付のケース

＜前提＞

　当期（３月決算）は，年間消費税額12,000（毎月1,000発生），１回に3,000の中間申告納付をしているとします。

図表４-９　四半期別増減分析表

科目	前期末	第１四半期	第２四半期	第３四半期	期末
未払消費税等	2,000	3,000	3,000	3,000	3,000

　第1四半期は①のケースと同じです。

　第2四半期以降は中間納付が8月（第2四半期），11月（第3四半期），2月（第4四半期）となりますので，各四半期において消費税3,000の発生と中間納付3,000となり，未払消費税等は第1四半期と同水準となります。

③年1回中間納付のケース

＜前提＞

　当期は，年間消費税額12,000（毎月1,000発生），年1回6,000の中間申告納付をしているとします。

図表4-10　四半期別増減分析表

科目	前期末	第1四半期	第2四半期	第3四半期	期末
未払消費税等	2,000	3,000	6,000	3,000	6,000

　第1四半期は，前期末の未払消費税等2,000が支払われ，当期の第1四半期の消費税額3,000が計上された結果，未払消費税等が3,000となっています。また，第2四半期も消費税額3,000が追加計上され6,000となっています。

　第3四半期は，消費税額3,000が計上され，中間納付6,000が支払われた結果，未払消費税等の残高は3,000となっています。

　このように，毎月一定額の消費税が発生していても，未払消費税等の残高に増減が発生します。

④中間納付が不要のケース

＜前提＞

　当期は，年間消費税額12,000（毎月1,000発生）であり，中間申告納付はしていないとします。

第4章

消費税

図表 4 -11　四半期別増減分析表

科目	前期末	第 1 四半期	第 2 四半期	第 3 四半期	期末
未払消費税等	2,000	3,000	6,000	9,000	12,000

　第 1 四半期は，前期末の未払消費税等2,000が支払われ，当期の第 1 四半期の消費税額3,000が計上された結果，未払消費税等が3,000となっています。

　第 2 四半期以降は，毎月の消費税額1,000が積み上げられていきますので，各四半期の未払消費税等の残高は増加を続けることになります。

2．消費税申告書の期間比較分析

　消費税申告書の記載項目において，増減が発生している項目の増減要因を把握することによって，決算書の未払消費税等の誤りに気付くことも考えられます。

　なお，消費税には国税分と地方税分があり，消費税の申告書はそれぞれ作成しますが，地方消費税の申告書に記載する金額は国税の申告書の金額に定められた割合を乗じて算出しますので，増減はおおむね国税と同じ状況になります。

＜前提＞
　①消費税率は10％
　②消費税率のうち，国税分は7.8％，地方税分は2.2％とする
　③×2年の売上高から，返品額および値引額60,000を控除している

図表 4 -12　消費税申告書の期間比較表

消費税（国税分）の税額の計算		×1年	×2年	増減額	増減率
①課税標準額		6,500,000	8,100,000	1,600,000	24.6%
②消費税額（①×税率）		507,000	631,800	124,800	24.6%
③控除過大調整税額		0	3,120	3,120	―
控除税額	④控除対象仕入税額	273,000	340,080	67,080	24.6%
	⑤返還等対価に係る税額	0	4,680	4,680	―
	⑥貸倒れに係る税額	0	1,560	1,560	―
	⑦控除税額小計（④＋⑤＋⑥）	273,000	346,320	73,320	26.9%
⑧差引税額（②＋③－⑦）		234,000	288,600	54,600	23.3%
⑨中間納付税額		132,100	141,700	9,600	7.3%
⑩納付税額（⑧－⑨）		101,900	146,900	45,000	44.2%
地方消費税の税額の計算		×1年	×2年	増減額	増減率
⑪差引税額（＝⑧）		234,000	288,600	54,600	23.3%
⑫納付額（⑪×地方税の税率／国税の税率）		66,000	81,400	15,400	23.3%
⑬中間納付譲渡割額		37,200	39,900	2,700	7.3%
⑭納付譲渡割額（⑫－⑬）		28,800	41,500	12,700	44.1%
⑮消費税及び地方消費税の合計税額（⑩＋⑭）		130,700	188,400	57,700	44.1%

図表 4 -13　決算書増減分析表

貸借対照表科目	×1年	×2年	増減額	増減率
未払消費税等	130,700	188,400	57,700	44.1%

損益計算書科目	×1年	×2年	増減額	増減率
売上高	7,000,000	8,600,000	1,600,000	22.9%
売上原価	4,400,000	5,400,000	1,000,000	22.7%
販売費及び一般管理費	1,000,000	1,200,000	200,000	20.0%
償却債権取立益	0	40,000	40,000	―
貸倒損失	0	20,000	20,000	―

第4章　消費税

(1) 消費税申告書の増減要因把握

　図表4-12において増減率は，多くの項目で23%～26%程度増加していますが，⑨⑬の中間納付額の増減率は7.3%，⑩⑭⑮の納付税額の増加率は44%程度となっています。

(2) 消費税申告書の増減分析

①課税標準額（申告書①）

　課税標準額は売上高などの収益項目のうち，土地の売却などの非課税とされる項目や輸出売上などの免税とされる項目を除外した残額です。

　×1年から×2年の間で売上高に占める課税取引の割合に変化がなければ，売上高と課税標準額は比例関係にあると考えることができます。したがって，課税標準額が24.6%増加しているのは，売上高が22.9%増加したことが1つの要因と考えられます。

②控除過大調整税額（申告書③）

　控除過大調整税額は，償却債権取立益のように，過年度に貸倒処理した債権が回収された場合に，過年度に控除した額を課税標準に加算する項目です。したがって，当期にのみ発生した償却債権取立益が影響しています。

③控除対象仕入税額（申告書④）

　控除対象仕入税額は，費用項目のうち課税仕入れの額に税率を乗じた金額です。なお，消費税における取引分類については「第4節2」で説明します。×1年から×2年の間で費用項目全体に占める課税取引の割合に変化がなければ，控除対象仕入税額は費用項目の合計額と比例関係にあると考えることができます。

　したがって，控除対象仕入税額が24.6%増加しているのは，売上高の増加に伴う売上原価の増加が1つの要因と考えられます。

④返還等対価に係る税額（申告書⑤），貸倒れに係る税額（申告書⑥）

　返還等対価に係る税額は，売上高勘定の借方に記帳した返品額および値引額の合計額に税率を乗じた金額となります。また，貸倒れに係る税額は，当期にのみ発生した貸倒損失が影響しています。この税務レビューの機会に，前期の貸倒れ発生の有無も再度確かめるとよいでしょう。

⑤中間納付税額（申告書⑨）

　中間納付税額は，前期の納付税額をもとに算出しますので，前々期および前期の納付税額に変化がない場合には中間納付税額は変化しないと考えられます。

　中間納付の支払時期と金額については，図表4-5をご参照ください。また，中間申告納付税額の水準による影響については，本節1（2）⑤をご参照ください。

⑥納付税額（申告書⑩）

　納付税額は，⑧差引税額から⑨中間納付税額を控除した，期末に納付すべき税額です。図表4-12では⑧差引税額は23.3％と増加している一方で，控除される⑨中間納付税額が前期とほぼ同じであるため，⑩納付税額が44.2％と大きく増加しています。

⑦地方消費税額の計算（申告書⑪～⑭）

　図表4-12の⑪から⑭までの項目は，地方消費税額を算出するための項目です。⑪差引税額は⑧で記載した差引税額をそのまま転記しています。⑫～⑭までは⑧～⑩で計算した国税分の金額から地方消費税の金額を算出します（前提条件に従い，国税分金額に22/78を乗じて算出）。

　したがって，⑫～⑭までの地方消費税の各項目は，⑧～⑩の国税分消費税の各項目と同程度の増減を示しますので，増減に乖離がある場合には，再計算などによる検証が必要となります。

第4章

消費税

171

会計士 memo　【消費税は間接税】

　法人税や相続税は税金を負担する事業者や個人が税金を納税することから直接税とよばれます。

　一方で，消費税を負担しているのは最終的に物を購入した消費者ですが，税金を納税するのは物を販売した事業者です。消費者が負担している税金を事業者が間接的に納付していることから，消費税は間接税とよばれます。

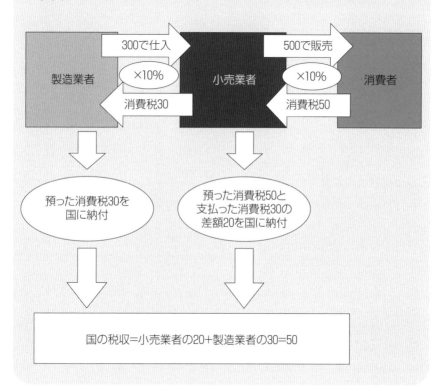

······**第2節　これだけはおさえよう！**··············

1．貸借対照表に計上している未払（未収）消費税等の期間比較分析を行う
　　際に，損益計算書の関連項目との整合性に留意します。

2．未払消費税等の金額に影響を及ぼす消費税の仕組みについては，次のよ
　　うなものがあります。

　①売上高，売上原価などの損益項目の増減

　②取引全体に占める課税取引割合の増減

　③課税売上割合の増減による控除税額の増減

　④償却債権取立益の発生，固定資産の取得・売却，賃貸借取引などの影響

　④中間納付の回数，金額

　⑤仮払消費税と仮受消費税の相殺漏れなどの会計処理上の誤り

3．消費税は2．④のような営業取引以外の取引にも影響を受けますので，
　　税額計算が網羅的に行われているか確かめる必要があります。

第3節　決算書と消費税申告書との整合性チェック

1．決算書と消費税申告書の設例

次の設例によって，決算書と消費税申告書の対応関係を検討します。

図表 4 -14　決算書計上額と消費税申告書に記載した額の比較表

【決算書】

貸借対照表科目	×2年
未払消費税等 Ⓐ	188,400

損益計算書科目	×2年
売上高 Ⓑ	8,540,000
売上原価	5,400,000
貸倒損失 Ⓒ	20,000
償却債権取立益 Ⓓ	40,000

【消費税申告書】

この申告書による消費税の税額の計算		×2年
①課税標準額		8,100,000
②消費税額（①×税率）		631,800
③控除過大調整税額		3,120
控除税額	④控除対象仕入税額	340,080
	⑤返還等対価に係る税額	4,680
	⑥貸倒れに係る税額	1,560
	⑦控除税額小計（④＋⑤＋⑥）	346,320
⑧差引税額（②＋③－⑦）		288,600
⑨中間納付税額		141,700
⑩納付税額（⑧－⑨）		146,900
地方消費税の税額の計算		×2年
⑪差引税額（＝⑧）		288,600
⑫納付額（⑪×地方税の税率／国税の税率）		81,400
⑬中間納付譲渡割額		39,900
⑭納付譲渡割額（⑫＋⑬）		41,500
⑮消費税及び地方消費税の合計税額（⑩＋⑭）		188,400

【前提条件】
・消費税率は10％
・消費税率のうち，国税分は7.8％，地方税分は2.2％とする
・売上高から，返品金額60,000が控除されている。
・売上高には，輸出売上500,000が含まれている。

2．整合性チェック

(1) 未払消費税等

　貸借対照表の Ａ 未払消費税等は，消費税申告書に記載する⑮消費税及び地方消費税の合計税額と一致すると考えられます。ただし，修正申告予定の未払い額が計上されている場合は，一致しないこともあります。

(2) 売上高等の収益項目

　①課税標準額は，税抜処理を前提とすれば損益計算書における Ｂ 売上高などの課税項目の合計額と一致します。設例では，売上高の中に免税取引となる輸出取引500,000が含まれており，売上高8,540,000から免税取引500,000を控除した8,040,000に返品金額60,000を加算した8,100,000と①課税標準額は一致します。①課税標準額に税率（国税分）を乗じて②消費税額が算出されます。

　なお，図表4-14では，収益項目を売上高のみとしていますが，通常，課税標準額には，売上高以外に賃貸料収入などの営業外収益項目なども含まれるので注意が必要です。

(3) 売上返品

　売上勘定の借方に記帳された売上返品金額60,000に税率を乗ずると，消費税申告書の⑤返還等対価に係る税額4,680となります。

損益計算書×2年		申告書（国税）×2年	
返品	60,000	×税率＝　⑤返還等対価に係る税額	4,680

(4) 貸倒損失

　C貸倒損失20,000に税率を乗ずると，消費税申告書の⑥貸倒れに係る税額
となります。

損益計算書 ×2年			申告書（国税）×2年	
貸倒損失	20,000	× 税率＝	⑥貸倒れに係る税額	1,560

　ただし，貸倒引当金の目的使用により売上債権と相殺した場合には，売上
取引時に計上した仮受消費税相当分が戻され⑥に記載されるので，金額が相
違します。

(5) 償却債権取立益

　D償却債権取立益は，過年度に貸倒処理した債権が回収された場合に，決
算書に計上される科目です。過年度の貸倒処理は，消費税額にも反映してい
ましたので，その回収に伴い，過年度に控除した消費税額を課税標準に加算
するために，控除過大調整税額に記載します。したがって，③控除過大調整
税額は，償却債権取立益40,000に税率を乗じた金額となります。

損益計算書 ×2年			申告書（国税）×2年	
償却債権取立益	40,000	× 税率＝	③控除過大調整税額	3,120

・・・・・・・・・・・・・第3節　これだけはおさえよう！・・・・・・・・・・・・・・・

1．未払消費税等に確定申告による未納付額以外（修正申告など）が含まれ
　　ている場合には，当該項目を考慮します。

2．課税取引をレビューするにあたって，売上高に含まれる輸出売上の免税
　　取引や返品などを考慮します。

第4節　消費税の主な特徴

1．消費税の計算要素

納付消費税額は，次のように計算されます。

納付消費税額＝課税標準額 × 税率－控除対象仕入税額等－中間申告納付額
　　※一括比例配分方式の場合の控除対象仕入税額
　　　＝課税仕入に係る消費税額 × 課税売上割合

上記の消費税額の計算において，特徴となる項目について説明します。

2．課税標準額を算出するための取引分類

消費税法では事業者が行う取引を不課税取引，非課税取引，免税取引および課税取引の4つに分類しています。各取引の特徴は次のとおりです。

(1) 課税取引

国内において事業者が行った資産の譲渡等には消費税が課せられます。したがって，次の4つの要件をすべて満たすものが対象となります（消法4条，2条2項，消基通5-2-1，5-2-2，5-5-1）。

①国内取引であること

②事業者が事業として行うものであること

③対価を得て行われるものであること

④資産の譲渡および貸付けならびに役務の提供であること

また，保税地域から引き取られる外国貨物にも消費税が課せられます。この場合は，国内取引とは異なり，事業として対価を得て行われるものに限ら

ないため，保税地域から引き取られる外国貨物に係る対価が無償である場合，または保税地域からの外国貨物の引き取りが事業として行われるものではない場合でも課税の対象となります（消法4条2項，消基通5-6-2）。

(2) 不課税取引

課税の対象となる取引（課税取引）に該当しない取引を不課税取引といいます。したがって，前述の4つの要件に該当しない取引には課税されません。例えば，次のようなものがあります。

図表4-15　不課税取引の例

項目	不課税の理由
給与	事業として行う資産の譲渡等の対価に該当しない
保険金	対価を得て行われるものに該当しない
剰余金の配当	株主としての地位に基づき受けるものであり，対価を得て行われるものに該当しない
補助金	対価を得て行われるものに該当しない

(3) 非課税取引

消費税法では，「消費」ではないと考えられる取引や政策的に非課税としている取引など，国内取引について13項目を非課税取引として定めています（消法6条1項，別表第1）。

図表4-16　非課税取引（消法別表第1）

NO	非課税取引の類型
1	土地の譲渡，貸付け等
2	有価証券の譲渡，外国為替および外国貿易法に規定する支払手段の譲渡
3	預貯金の利子および保険料を対価とする役務の提供等
4	郵便切手類および印紙の譲渡，物品切手（商品券，プリペイドカード等）等の譲渡
5	住民票等の行政手数料，外国為替業務
6	社会保険医療等
7	介護保険サービス，社会福祉事業等
8	助産
9	埋葬料，火葬料
10	身体障害者用物品の譲渡，貸付け等
11	一定の学校の授業料，入学金等
12	教科用図書の譲渡
13	住宅の貸付け

(4) 免税取引

　消費税法では，輸出取引等に該当する取引について消費税を免除するとしています。輸出取引等とは国内から海外に向けて行う輸出のほか，非居住者に対して行う役務の提供，非居住者に対する無形固定資産の譲渡・貸付といった項目があります（消法7条1項）。

3．課税売上割合

　課税売上割合とは，課税売上高と非課税売上高の合計額に占める課税売上高の割合をいいます。課税売上高には，課税取引によって生じた売上高のほか，免税取引によって生じた売上高も含まれる点に注意が必要です。また，非課税売上高は，非課税取引によって生じた売上高が該当します。

$$課税売上割合 \ = \ \frac{課税売上高（免税売上高を含む）}{課税売上高（免税売上高を含む）＋非課税売上高}$$

　なお，有価証券や金銭債権の譲渡については，非課税売上ですが，取引額が多額になり課税売上割合が著しく低くなることを防ぐために，取引金額に5％を乗じた金額が非課税売上高としています（消法30条6項，消令48条2項，5項）。

4．仕入税額控除

　消費税の納付税額は，預った消費税から支払った消費税を控除して算出しますが，この支払った消費税を控除する制度が仕入税額控除です。課税売上高が5億円以下で，かつ，課税売上割合が95％以上の場合には，仕入税額の全額が課税標準額に対する消費税額から控除できます。一方で，それ以外の場合には，仕入税額について課税売上割合を用いた按分計算によって控除対象仕入税額が算出されます（消法30条1項，2項）。

図表4-17　仕入税額控除制度

		課税売上高	
		5億円以下	5億円超
課税売上割合	95％未満	個別対応方式または一括比例配分方式により，控除税額を計算	
	95％以上	全額控除できる	

5．控除対象仕入税額

　控除対象仕入税額について課税売上割合による按分計算が必要な場合には，「個別対応方式」または「一括比例配分方式」のいずれかにより計算します。

(1) 個別対応方式

　個別対応方式とは，課税仕入れを次の3つに区分して控除対象仕入税額を計算する方式です。

図表4-18　個別対応方式の区分

区分	例示
①課税資産の譲渡等にのみ要するもの	商品の仕入や製品の製造に要する原材料の購入費用など
②課税資産の譲渡等以外の資産の譲渡等にのみ要するもの	有価証券や土地などの非課税資産の売却に要する費用（売却手数料など）など
③課税資産の譲渡等とその他の資産の譲渡等に共通して要するもの	課税取引と非課税取引を両方行っている本社部門における水道光熱費やオフィスの賃料など

　なお，計算式は次のとおりです（消法30条2項1号）。

> 控除対象仕入税額＝①の消費税額＋③の消費税額×課税売上割合

(2) 一括比例配分方式

　一括比例配分方式とは，個別対応方式のような課税仕入れの区分を行わず，課税仕入れに係る税額の合計額に課税売上割合を乗じた金額を控除対象仕入税額とする方式です（消法30条2項2号）。

> 控除対象仕入税額＝課税仕入れに係る消費税額×課税売上割合

(3) 個別対応方式と一括比例配分方式の選択

　事業者は個別対応方式，一括比例配分方式のいずれかを選択して適用することができます。ただし，一括比例配分方式を選択した場合には，選択した課税期間の初日から2年を経過する日までの間に開始する課税期間は，一括比例配分方式を継続適用することが求められますので注意が必要です（消法30条4項，5項）。

会計士memo　【インボイス制度】

　2023年10月1日より，適格請求書等保存方式，通称「インボイス制度」が開始されます。具体的には，複数税率に対応したものとして開始される仕入税額控除の方式のことであり，買手が仕入税額控除の適用を受けるためには，帳簿のほか，売手から交付を受けた「適格請求書」等の保存が必要となるというものです。適格請求書とは，「売手が，買手に対し正確な適用税率や消費税額等を伝えるための手段」であり，登録番号のほか，一定の事項が記載された請求書や納品書その他これらに類するものをいいます。

　適格請求書を交付することができるのは，税務署長の登録を受けた「適格請求書発行事業者」に限られます。登録を受けるかどうかは任意となりますが，2023年10月1日から登録を受けるためには，2023年9月30日までに登録申請手続を行う必要があります。登録を行っていない事業者は，売上先が適格請求書を必要とするか等を確認し，登録の必要性を検討することになるでしょう。

　なお，インボイス制度開始から一定期間は，適格請求書発行事業者以外の者からの課税仕入れであっても，一定の要件のもと，仕入税額控除ができる経過措置が設けられています。

期間	割合
2023年10月1日～2026年9月30日	仕入税額相当額×80%
2026年10月1日～2029年9月30日	仕入税額相当額×50%

・・・・・・・・・・・・第4節　これだけはおさえよう！・・・・・・・・・・・・・

1．納付税額を計算する際に，課税売上割合が影響するので，その内容に留
意します。例えば，課税売上高には免税売上も含まれ，また，非課税売
上高の計算に含まれる有価証券の譲渡金額は5％が対象です。

2．控除対象仕入税額は全額控除可能な場合を除き，「個別対応方式」または
「一括比例配分方式」により計算します。「一括比例配分方式」を選択す
ると，2年間継続適用が必要になります。

第5章
その他税金の
税務レビュー

　法人税，住民税，事業税以外に会社において一般的に取り扱われることが多い諸税金としての事業所税，固定資産税，源泉税，関税について，それぞれの税金の特徴に着目して税務レビューを説明します。事業所税は，会社の事業所床面積や従業員給与などと関係し，固定資産税は，会社の保有する固定資産に関係するなど，それぞれの税金に関係する項目との整合性に着目します。

　また，本章の最後では，完全支配関係がある親子会社間で選択適用することができるグループ通算制度の税務レビューについて説明します。

第1節　決算書の構成要素と税務レビュー

1．その他税金の構成要素

　多岐にわたる税金の中で，会社において一般的に計上するその他の税金として次のものを検討します。

図表 5-1　諸税金と関連勘定科目

節	税目	貸借対照表科目	損益計算書科目
2	事業所税	未払金 (未払税金)	租税公課
3	固定資産税	―	租税公課
4	源泉所得税	預り金	給与手当
5	関税	―	売上原価
6	グループ通算制度	未払法人税等 未収入金または未払金	法人税，住民税及び事業税

2．その他税金のレビューポイント

(1) 事業所税

　事業所税は床面積などをもとに算出する資産割と従業員給与などをもとに算出する従業者割から構成されます。したがって，事業所における床面積，決算書における建物の金額，給与手当などの人件費の金額を分析することがポイントです。

(2) 固定資産税

　固定資産税は，企業が保有する固定資産の課税標準額に基づき算出される

税金であり，貸借対照表における固定資産の金額と損益計算書における固定資産税の金額の関係を分析することがポイントです。

(3) 源泉所得税

　源泉所得税は，給与や賞与などを社員に支払う際に企業が給与等の総額から差し引いて預かる所得税であり，給与総額との比例関係があると考えられます。したがって，給与総額と預り金（預り源泉税）の関係に着目します。

図表5-2　その他税金の発生

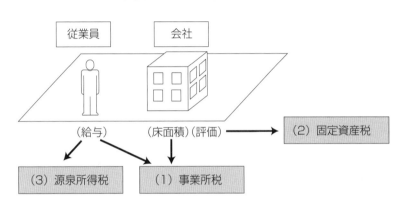

(4) 関税

　関税は商品を海外から輸入する場合に課税されるもので，会計上は原則として仕入商品の取得原価に含めて処理します。したがって，関税のレビューは，商品仕入高のうち輸入取引による仕入高と納付した関税の合計額を比較することがポイントです。また，関税の税率は品目により異なりますので，関税の金額が増加している場合には，高税率品目に関する輸入金額が増加していないか確かめることに留意が必要です。

図表 5 - 3　関税の発生

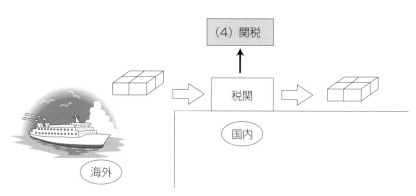

(5) グループ通算制度

　グループ通算制度は，法人が任意で選択できる制度であり，国内の完全支配関係にある法人グループに適用され，グループ内で発生した欠損金額は，グループ内で所得が発生している法人の損金に算入することが可能となります。したがって，従前の連結納税制度と同様に，グループ内に赤字企業があった場合には黒字企業にとって節税効果が生じます。

　ただし，従前の連結納税制度と異なり，グループ通算制度の適用を受ける各法人が納税単位とされ、各法人が個別に法人税額の計算および申告を行います。

　通算グループの法人税の金額は，上記のとおり通算グループ内の所得金額と欠損金額を損益通算して算出されるため，完全支配関係にある会社の当期純利益および当期純損失の総額と，通算グループの法人税の合計額の関係を分析することがポイントです。

会計士memo　【グループ通算制度とグループ法人税制】

　グループ通算制度は，令和2年度の税制改正により，連結納税制度の後継として創設されました。一方で，グループ通算制度と類似するグループ法人税制という制度があります。グループ法人税制は選択制ではなく適用要件を満たす企業に強制適用されます。

　グループ法人税制の主な内容としては，資本金等の額が5億円以上の法人との間に完全支配関係がある法人について，中小企業優遇税制の適用制限，完全支配関係にある子法人からの受取配当等に関する全額益金不算入，完全支配関係にある法人間の資産の譲渡について譲渡損益の繰延べといった項目があります。親子会社間の損益通算に関しては，グループ通算制度を選択した場合にのみ適用され，グループ法人税制では適用されない点に注意が必要です。

図表5-4　グループ通算制度とグループ法人税制の相異点

項目	グループ通算制度	グループ法人税制
適用	選択適用	強制適用
グループ内損益通算	あり	なし
中小法人の優遇税制の適用制限	通算グループ内の法人が1社でも資本金1億円超である場合には、通算グループ内のすべての法人が優遇措置なし。	資本金5億円以上の大法人による完全支配関係のある中小法人等は優遇措置なし。

第5章　その他税金

チェックリスト

　その他税金のレビューにあたり，事前に知っておくと効果的な情報に関する事項と，税務レビューのために直接的に必要な事項についてまとめると，次のとおりです。

No.	チェック項目	確認欄
1	会社の事業に適用される「その他の税金」の種類を把握したか。	
2	その他税金に係る会計処理に関する根拠資料を，担当者から入手したか。	
3	経理規程・マニュアル等の閲覧により，その他税金に関して採用している会計方針を理解したか。	
4	その他税金に関する会計方針について，変更の有無を確認したか。変更がある場合には内容を把握したか。	
5	税務当局との重要な見解の相違があるか。該当がある場合には会計処理上の対応を検討したか。	
6 ☆	事業所税，固定資産税，源泉所得税，関税，グループ通算制度に関連する決算書の勘定科目について，前期数値と当期数値を比較し，その増減理由等を把握したか。また，事業活動と整合していることを理解したか。	
7	期末に計上している未払税金等の貸借対照表残高には，前期以前から滞留しているものが含まれていないことを確かめたか。	
8 ☆	グループ通算制度を適用している場合，通算法人の決算書と申告書別表を比較し，グループ通算制度特有の調整項目は決算書と整合していることを確かめたか。	
9 ☆	決算書の関連科目と事業所税，固定資産税，源泉所得税，関税，グループ通算制度に係る申告書の整合を理解したか。	

☆各節末に記載の「これだけはおさえよう！」に対応している。

第2節 事業所税関連科目の増減分析

1．事業所税の概要

　事業所税は，一定規模以上の事業を行っている事業主に対して課税される税金で，事業所等の床面積を対象とする資産割と従業者の給与総額を対象とする従業者割とに分かれます。この税金は都市環境の整備および改善に関する事業の財源にあてるための目的税で，地方税法で定められた都市だけで課税される税金です（地法701条の40）。

　納税義務者および納税額は，図表 5 - 5 のとおりです（地法701条の32，701条の43）。

図表 5 - 5　事業所税

	資産割	従業者割
納税義務者	事業所等の床面積の合計が1,000平方メートルを超える	従業者数の合計が100人を超える
納税額	事業所床面積（平方メートル）×税額	従業者給与総額×税率

2．決算書の増減分析

　次に示す×1年，×2年の貸借対照表および損益計算書の増減比較表を用いてレビューを実施します。

図表 5-6　決算書の増減分析表

貸借対照表科目	×1年	×2年	増減額	増減率
建物	10,000	19,000	9,000	90.0%
未払事業所税	1,515	2,168	653	43.1%

損益計算書科目	×1年	×2年	増減額	増減率
給与手当	433,000	496,000	63,000	14.5%
租税公課 （事業所税）	1,515	2,168	653	43.1%

図表 5-7　事業所床面積の増減

	×1年	×2年	増減額	増減率
事業所床面積	840	1,680	840	100.0%

(1) 事業所税の増減要因の把握

　事業所税および未払事業所税が対前期比で43.1％増加しています。事業所税は事業所等の床面積および給与総額に影響を受けますので，建物の金額，事業所の床面積や給与手当の金額に着目して増加要因を検討します。

(2) 事業所税の増減分析

①建物の増加

　貸借対照表の建物勘定が×1年10,000から×2年19,000と増加しています。また，事業所床面積についても，×1年840から×2年1,680と増加しています。事業所税の資産割は事業所の床面積に面積当たりの税額を乗じて求めますので，事業所税の増加要因の1つとして，新規に建物を取得したことが考えられます。

　なお，新規取得した建物等がある場合，それを税務申告書に反映することを失念することが考えられます。事業所の新設，増設の情報を確認し，事業所税の増減に反映していることを確かめることが大切です。

②給与手当の増加

　損益計算書の給与手当は，×1年433,000から×2年496,000と増加してい
ます。事業所税の従業者割は従業者給与総額に税率を乗じて求めますので，
事業所税の増加要因の1つとして，給与手当の増加が考えられます。

3．決算書と事業所税申告書との整合性チェック

(1) 事業所税の申告書

　事業所税申告書の主な項目は，次のようになります。

図表5-8　事業所税申告書

種類	項目	計算式	×2年
資産割	①事業所床面積（㎡）		1,680
	②非課税に係る事業所床面積（㎡）		50
	③控除事業所床面積（㎡）		0
	④課税標準となる事業所床面積（㎡）	①－②－③	1,630
	⑤資産割額	④×㎡当たり税額	978
	⑥すでに納付の確定した資産割額		0
	⑦この申告により納付すべき資産割額	⑤－⑥	978
従業員割	⑧従業員給与総額		496,000
	⑨非課税に係る従業員給与総額		20,000
	⑩控除従業員給与総額	⑧－⑨	476,000
	⑪課税標準となる従業員給与総額	⑩×税率	1,190
	⑫すでに納付の確定した従業員割額		0
	⑬この申告により納付すべき従業員割額	⑪－⑫	1,190
⑭納付すべき事業所税額		⑦＋⑬	2,168

第5章

その他税金

(2) 未払事業所税との整合性

図表5-9　決算書数値

貸借対照表科目	×2年
（流動負債） 未払事業所税	2,168

　申告書の納付すべき事業所税額は，貸借対照表の未払事業所税と一致します。一致しない場合は，次のようなことが考えられます。

①期末未払事業所税に修正申告による未納付額が含まれている。

②前期末の未払事業所税について支払いを失念している。

③前期末の未払事業税の支払いが，仮払金等になっていて未払事業所税と相殺されていない。

・・・・・・・・・・・・第2節　これだけはおさえよう！・・・・・・・・・・・・

1．事業所税には資産割と従業者割の2つがありますので，それぞれについて納税義務者に該当するかの判定を行う必要があります。

2．未払事業所税の金額に影響を及ぼす項目には，以下のものがあります。

・建物床面積の増減

・従業者給与総額の増減

第3節 固定資産税関連科目の増減分析

1．固定資産税の概要

　固定資産税は，毎年1月1日（賦課期日）現在の土地，家屋および償却資産（以下，「固定資産」という）の所有者に対し，その固定資産の価格をもとに算定される税額を，その固定資産の所在する市町村が課税する税金です（地法342条、359条）。

　固定資産税は，法人税や消費税のように納税者が納税額を算出して税金を国に納付する申告納税方式とは異なり，市区町村が課税標準額および納税額を計算して税額を通知する賦課課税方式である点が大きな特徴です。納税義務者が1月1日現在所有している償却資産を申告すると，市区町村は償却資産の申告および土地，家屋の登記情報などに基づき課税標準額および税額を算出し，納税者に納税通知書を送付します（地法364条）。

　また，課税標準額とは，税金が課される対象となる金額のことで，固定資産税においては固定資産税評価額が課税標準額となります（地法349条，349条の2）。固定資産税評価額の算出にあたっては，住宅用地の特例や大規模償却資産の特例などが適用されます（地法349条の3の2，地法349条の4）。したがって，固定資産税評価額は，不動産鑑定評価額とは基本的に一致しません。

　納税義務者と固定資産税の納期は図表5-10のとおりです。

図表5-10　納税義務と固定資産税の納期

納税義務者 （地法343条）	毎年1月1日（賦課期日）現在の土地，家屋または償却資産の所有者として，固定資産課税台帳に登録されている者
納期 （地法362条）	原則，4月，7月，12月，2月中において市区町村が定めた日。ただし，これと異なる納期を定めることもできる

2. 決算書の増減分析

　次に示す×1年，×2年の貸借対照表および損益計算書の増減分析表を用いてレビューを実施します。

図表5-11　決算書の増減分析表

貸借対照表科目	×1年	×2年	増減額	増減率
建物	10,000	9,500	△500	△5.0%
備品	3,000	2,850	△150	△5.0%
土地	100,000	190,000	90,000	90.0%

損益計算書科目	×1年	×2年	増減額	増減率
租税公課 （固定資産税）	1,407	2,533	1,126	80.0%

図表5-12　固定資産税納税通知書期間比較表

項目	×1年	×2年	増減額	増減率
家屋	8,000	7,600	△400	△5.0%
償却資産	2,500	2,375	△125	△5.0%
土地	90,000	171,000	81,000	90.0%
課税標準額合計	100,500	180,975	80,475	80.0%

※　金額は課税標準額であり，決算書の簿価とは異なる場合がある。

(1) 固定資産税の増減要因の把握

　固定資産税が対前期比で80.0％増加しています。固定資産税は土地および建物などの金額に影響を受けますので，土地および建物の金額に着目して増加要因を検討します。

(2) 固定資産税の増減分析

①土地の増加

　土地は×1年100,000から×2年190,000と増加しています。この土地の増加が，固定資産税の増加要因の1つと考えられます。

②課税標準額の変動

　固定資産税は，課税標準額（固定資産税評価額）に税率を乗じて算出しますが，課税標準額は3年に一度評価替えが行われます。適正な評価額に基づき課税するには，毎年の評価替えが必要ですが，実務上の作業負担を考慮し3年ごとに評価替えが行われます（地法409条，附則17条の2）。当該評価替えにより，固定資産税の金額が増減することが考えられますので，当期が評価替えの年度に該当するか否かの情報を入手することが大切です。

③所有する償却資産の申告誤り

　備品が減少しているにもかかわらず償却資産にかかる固定資産税が減少していない場合には，備品を処分しているにもかかわらず，当該償却資産の処分について申告を失念していることが考えられます。

3．決算書と納税通知書との整合性チェック

(1) 固定資産税の納税通知書

　固定資産税の納税通知書の主な項目は，次のようになります。

図表 5-13　固定資産税納税通知書

項目	×2年
家屋	7,600
償却資産	2,375
土地	171,000
課税標準額合計	180,975
税率	1.4%
税額	2,533
軽減税額	―
年税額	2,533

　※　税率は例示である。

(2) 租税公課 (固定資産税) との整合性

図表 5-14　決算書数値

損益計算書科目	×2年
（販売費及び一般管理費） 租税公課（固定資産税）	2,533

　損益計算書の租税公課（固定資産税）は固定資産税納税通知書に記載された固定資産税年税額と一致すると考えられます。ただし，所有する償却資産の申告内容に誤りがあり，修正申告を行っている場合には，当初の固定資産税納税通知書と修正を反映した後の損益計算書の租税公課（固定資産税）の金額は一致しません。

　この場合には，損益計算書の固定資産税の金額が，修正を正しく反映した
金額となっていることを改めて確認する必要があります。

・・・・・・・・・・・・第3節　これだけはおさえよう！・・・・・・・・・・・・・・

1．固定資産税の課税標準額および税額は，市区町村が決定し，納税通知書
　　により納税義務者に通知が行われる賦課課税方式の税金です。その代わ
　　り，納税義務者は所有している償却資産に関して申告を行う必要があり
　　ます。

2．固定資産税の金額に影響を及ぼす項目としては以下があります。

　　・固定資産の増減による課税標準額の増減

　　・3年に1度の評価替えによる課税標準額の増減

第4節　源泉所得税関連科目の増減分析

1．源泉所得税の概要

　会社が，使用人に給与を支払ったり，役員や税理士などに報酬を支払ったりする場合には，その支払いの都度，支払金額に応じた所得税を預かることになっています。そして，預かった所得税は，原則として，給与などを実際に支払った月の翌月の10日までに国に納めなければなりません（所得税法183条）。また，この所得税を預かって，国に納める義務のある者を源泉徴収義務者といいます。

　給与を支払うときに源泉徴収する税額は，その支払いの都度，「給与所得の源泉徴収税額表」を使って求めます。この税額表には，「月額表」と「日額表」と「賞与に対する源泉徴収税額の算出率の表」の3種類があります。「月額表」は，給与を毎月支払う場合に使用し，「日額表」は，働いたその日ごとに給与を支払う場合に使用します。

2．決算書の増減分析

　次に示す×1年，×2年の貸借対照表および損益計算書を用いてレビューを実施します。

図表5-15　決算書の増減分析表

貸借対照表科目	×1年	×2年	増減額	増減率
預り源泉税	4,300	4,945	645	15.0%

損益計算書科目	×1年	×2年	増減額	増減率
給与手当	433,000	496,000	63,000	14.5%
退職手当	100,000	110,000	10,000	10.0%
役員報酬	50,000	52,000	2,000	4.0%
顧問手当	10,000	11,000	1,000	10.0%

(1) 源泉所得税の増減要因の把握

　預り源泉税が対前期比で15.0%増加しています。源泉所得税は給与や支払報酬の金額に影響を受けますので，給与手当および顧問手当などの金額に着目して増加要因を検討します。

(2) 源泉所得税の増減分析

①給与手当の増加

　損益計算書の給与手当の金額は，×1年433,000から×2年496,000と増加しています。貸借対照表に計上される源泉税は，期末1ヵ月間に支給した給与から企業が預かるものですので，年間給与の増加により期末給与も増加したと考えられます。

②賞与支給の影響

　賞与支給月が6月，12月の年2回の会社において，決算月が12月の場合には，12月に支給した賞与の預り源泉税も翌月（1月）に国に納めるため期末の貸借対照表に計上されます。このような会社で，賞与の支給増加は預り源泉税の増加要因と考えられます。

第5章　その他税金

③退職手当

　預り源泉税は退職手当の支払いからも発生します。期末以前 1 ヵ月の期間で行った退職者への退職金支払いが前期よりも増加していれば，預り源泉税の増加要因となります。

④役員報酬，顧問手当

　預り源泉税は役員報酬や税理士などへの顧問手当の支払いからも発生します。役員報酬や顧問手当が前期の期末よりも当期の期末の方が増加していれば，預り源泉税の増加要因となります。

３．決算書と申告書との整合性チェック

（1）源泉所得税の申告書

　所得税徴収高計算書の主な項目は，次のようになります。

図表 5 -16　所得税徴収高計算書

項目	×2年3月 支払額	×2年3月 税額
俸給・給料等	×××	4,745
賞与（役員賞与を除く。）	×××	0
退職手当	×××	149
税理士等の報酬	×××	10
役員賞与	×××	41
合計額	―	4,945

(2) 預り源泉税との整合性

図表5-17　決算書数値

貸借対照表科目	×2年
（流動負債）	
預り源泉税	4,945

　所得税徴収高計算書の徴収高合計額は，貸借対照表の預り源泉税の金額と一致します。一致しない場合は，次のようなことが考えられます。

①預り源泉税の滞納

　原則として，毎月納付する源泉所得税について，納付を失念していた場合には，貸借対照表に計上されている預り源泉税が上回ると考えられます。

②源泉徴収漏れ

　所得税徴収高計算書では，給与手当や支払報酬の金額に基づき源泉徴収する金額を正しく計算している場合でも，源泉徴収が正しく行われていないと，貸借対照表の預り源泉税が異常となります。

・・・・・・・・・・・・第4節　これだけはおさえよう！・・・・・・・・・・・・・・・

1．源泉所得税は毎月納付しますので，貸借対照表に計上される預り源泉税は期末以前1ヵ月の期間における給与・報酬等の支払いに影響を受けます。

2．預り源泉税の金額に影響を与える項目としては以下があります。

・決算月における給与手当，役員報酬，顧問手当の増減

・決算月に賞与支給をしている会社における賞与手当の増減

・決算月に退職金を支給した場合における当該退職金の増減

第5節　関税関連科目の増減分析

1．関税の概要

(1) 関税の税率

　関税は「輸入品に課される税」と定義されるもので，税率は「法律に基づいて定められている税率」と「条約に基づいて定められている税率」があります。日本では関税に関する法律として「関税定率法」と「関税暫定措置法」という2つの法律があり，当該法律に定められている税率が「法律に基づいて定められた税率」となります。一方，「条約に基づいて定められた税率」にはWTO（世界貿易機構）協定により，加盟国に対して一定率以上の税率を課さないこととしている場合における当該協定税率や，TPP協定などの経済連携協定（EPA）を締結した相手国からの産品のみを対象とした税率があります。

図表5-18　関税の税率

法律に基づくもの	条約に基づくもの
・関税定率法 ・関税暫定措置法	・WTO協定 ・経済連携協定など

(2) 輸入通関手続

　外国から日本に到着した貨物を国内に引き取る際には，貨物が保管されている保税地域を管轄する税関へ輸入申告を行います。保税地域とは，外国から到着した貨物（外国貨物）を輸入手続が終了するまで一時保管する場所で

す。税関の検査が必要とされる貨物については，必要な検査を受けた後，関税，内国消費税および地方消費税を納付する必要がある場合には，これらを納付して，輸入の許可を受けます。この輸入の許可を受けた貨物は内国貨物となり，いつでも国内に引き取ることが可能となります。この一連の手続が輸入通関手続です。

　税関は，輸入（納税）申告があると，書類の審査および必要な検査を行い，原則として輸入者が関税等の税金を納付したことを確認した後，輸入を許可します。輸入申告は，貨物を輸入しようとする者が行うことになっていますが，税関の許可を受けた通関業者と呼ばれる代行会社に輸入手続を依頼することもできます（関税法67条，70条，72条）。

図表 5-19　輸入通関手続

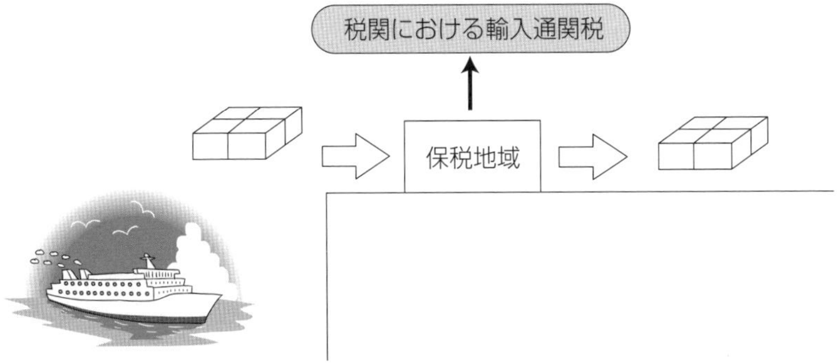

税関における輸入通関税

保税地域

会計士 memo 【TPP 協定】

　TPP 協定とは「環太平洋パートナーシップ協定」のことであり，2015年10月に日本，米国を含む12ヵ国により大筋合意されました。その後，米国が離脱を表明したため，米国以外の11ヵ国による TPP11協定が大筋合意され，2018年12月に発効されています。TPP 協定はアジア太平洋地域における経済の高い自由化を目標とし，非関税分野や新しい貿易課題を含む包括的な協定として交渉が行われています。TPP 協定は，参加国間の輸出入に関して関税撤廃を進めることで貿易の自由化を促進することを目的としています。

2．決算書の増減分析

　次に示す×1年，×2年の売上原価に含まれる当期輸入額と関税額の増減比較表を用いてレビューを実施します。

図表5-20　決算書の増減分析表

損益計算書科目	×1年	×2年	増減額	増減率
売上原価				
（当期輸入額）	1,000,000	1,200,000	200,000	20.0%
（当期発生関税額）	50,000	60,000	10,000	20.0%

(1) 関税の増減要因の把握

　当期の関税額が20.0%増加しています。関税は輸入品に課される税であり，輸入金額に影響を受ける項目ですので，輸入金額に着目して増加要因を検討します。

(2) 関税の増減分析

①輸入額の増加

　当期輸入額の金額は，×1年1,000,000から×2年1,200,000と20%増加しています。輸入品目の構成割合が同じであり関税率も一定であると仮定すれば，輸入金額の増加は関税金額の増加要因となります。

②関税率が高い品目の輸入割合増加

　関税率は輸入品目によって大きく異なりますので，仮に当期の輸入額が前期と同額であったと仮定しても，高関税率の品目を多く輸入すれば関税の発生額は前期よりも増加します。

3．決算書と申告書との整合性チェック

(1) 関税の申告書

当期の関税額を集計すると，次のようになったとします。

図表 5 -21　関税申告書（1年分集計後）

品名	正味数量	申告価格	税率	関税額
A	10	10,000	0％	0
B	8	20,000	4％	800
C	12	24,000	25％	6,000
			税額合計	6,800

※　商品Bは消耗品として費消されたものとする。

(2) 売上原価に含まれる関税との整合性

図表 5 -22　決算書数値

損益計算書科目	×2年
（売上原価） 当期商品仕入高（うち関税額）	6,000
消耗品費（うち関税額）	800

　関税申告書の税額合計を1年分集計した金額は，損益計算書における当期商品仕入高や消耗品費などの勘定科目に含まれる関税の合計額となります。両者に差異が発生する要因は，次のようなことが考えられます。

①特例輸入申告制度

　関税は，貨物引き取り時に納付することが原則ですが，一定の要件のもと，税関長の承認を得た場合には，1ヵ月の間に発生した輸入申告をまとめ

て翌月末に行う，「特例輸入申告制度」を利用することができます（関税法7条の2）。この制度を採用している場合には，関税申告の税額合計と輸入した貨物に係る関税額合計との間に，計上月のずれが発生することが考えられます。

②関税金額が損益計算書を経由していない場合

　貯蔵品を輸入している場合，関税相当額が損益計算書の売上原価などを経由せずに，直接，貸借対照表の貯蔵品勘定などに計上されることがあります。この場合には，関税申告書の税額合計と損益計算書における売上原価等に含まれる関税の合計額は一致しません。

③輸入仕入高の計上漏れ

　企業が輸入した商品を自社倉庫等に受け入れずに，顧客へ直送した場合に，関税の支払いは請求書に基づいて行われますが，商品仕入の計上が漏れる可能性があります。このような場合には，関税額と輸入額のバランスが崩れることが考えられます。

・・・・・・・・・・・第5節　これだけはおさえよう！・・・・・・・・・・・・・・・

1．関税の納付は輸入品の引取り時に必要です。ただし，1ヵ月分の関税を翌月末までに納付する特例申告制度を利用することもできます。

2．関税の金額に影響を与える項目としては以下があります。

　・輸入金額が増減した場合

　・輸入金額は一定でも，高税率品目の輸入金額が増減した場合

第6節 グループ通算制度関連科目の増減分析

1．グループ通算制度の概要

(1) グループ通算制度における法人税の算出

　グループ通算制度とは，親会社と当該親会社が直接または間接に100％の株式を保有するすべての国内子会社を対象とする通算グループについて，通算グループ各社の損益を通算して，各社個別に法人税額を計算する制度です。なお，グループ通算制度における100％子会社に外国法人は含まれません。

　また，当該制度は選択制ですが，いったん選択した場合は，原則として継続して適用する必要があります。グループ通算制度では，グループ内で欠損が生じている会社の欠損金額を所得が発生している会社に，所得金額の比で配分することで損益を通算します（損益通算）。また，研究開発税制および外国税額控除は，グループ全体で控除限度額が計算されます。

　これらのグループ通算制度特有の調整を行いグループ各社の法人税額を個別に計算します（法法64条の5，64条の7）。

(2) グループ通算制度における法人税の納付・通算税効果額

　グループ通算制度における法人税の納付は，通算グループ各社がそれぞれ個別に法人税の額を申告し，所轄の税務署に納付することとされています（法法74条1項）。

　なお，損益通算などで減少した法人税相当額について，グループで金銭の授受が行われることがありますが，これを通算税効果額といい，益金または損金に算入されません（法法26条4項）。

　通算税効果額は，個別財務諸表の損益計算書において法人税を示す科目に

含めて表示され，貸借対照表において未収金や未払金などに含めて表示されます（グループ通算制度の取扱い25項）。

図表5-23　グループ通算制度における税額の算出・申告納付

2．決算書の増減分析

次に示す×1年，×2年の連結決算書の増減分析表および個別決算書の増減分析表を用いてレビューを実施します。

【前提条件】

①親会社はP社，子会社は100％国内子会社のS1社とS2社のみとする。

②各社の個別において加減算項目・税額控除項目はないもの（税引前当期純利益＝所得金額）とする。

③法人税率は25％とする。

④地方税の均等割は省略する。

図表5-24　連結決算書の増減分析表

連結貸借対照表科目	×1年	×2年	増減額	増減率
未払法人税等 　うち，法人税分	9,750	11,500	1,750	17.9%

連結損益計算書科目	×1年	×2年	増減額	増減率
税引前当期純利益	39,000	46,000	7,000	17.9%
法人税，住民税及び事業税 （うち，法人税分）	13,650 (9,750)	17,100 (11,500)	3,450 (1,750)	25.3% (17.9%)
当期純利益	25,350	28,900	3,550	14.0%
税負担率　※	35.0%	37.2%	2.2%	―

※税負担率＝「法人税，住民税及び事業税」÷「税金等調整前当期純利益」

図表5-25　個別決算書の増減分析表

① P社

貸借対照表科目	×1年	×2年	増減額	増減率
（流動資産） 通算税効果額に係る未収金	－	250	250	－
（流動負債） 通算税効果額に係る未払金	－	2,500	2,500	－

損益計算書科目	×1年	×2年	増減額	増減率
税引前当期純利益	30,000	50,400	20,400	68.0%
法人税，住民税及び事業税	10,500	17,640	7,140	68.0%
（うち，法人税分）	(7,500)	(12,600)	(5,100)	(68.0%)
当期純利益	19,500	32,760	13,260	68.0%

② S1社

損益計算書科目	×1年	×2年	増減額	増減率
税引前当期純利益	4,000	5,600	1,600	40.0%
法人税，住民税及び事業税	1,400	1,960	560	40.0%
（うち，法人税分）	(1,000)	(1,400)	(400)	40.0%
当期純利益	2,600	3,640	1,040	40.0%

③ S2社

損益計算書科目	×1年	×2年	増減額	増減率
税引前当期純利益	5,000	△10,000	△15,000	－
法人税，住民税及び事業税	1,750	△2,500	△4,250	－
（うち，法人税分）	(1,250)	(△2,500)	(△3,750)	－
当期純利益	3,250	△7,500	△10,750	－

(1) 連結決算書の増減把握

　連結決算書における税金等調整前当期純利益は，前期に比べて17.9％増加しているのに対して，「法人税，住民税及び事業税」は25.3％増加しています。また，税負担率は2.2％増加していますので，それらの要因を分析します。

(2) 連結決算書における法人税の増減分析

①親会社および子会社の業績変動

　各社の税引前当期純利益は，前期に比べてP社は68.0％増加，S1社は40.0％増加していますが，S2社では×2年に損失になっています。その結果，連結決算書の税金等調整前当期純利益は17.9％の増加にとどまっています。

②子会社の欠損金が法人税に与える影響

　S2社は，×2年において税引前当期純利益がマイナスとなり，その結果，税務上の欠損が生じています。グループ通算制度が適用されていない場合，S2社の税引前当期純損失は，連結決算書の税金等調整前当期純利益を減少させますが，S2社の法人税はゼロとなることから，連結決算書の法人税分は減少させず，その結果，税負担率が増加することが考えられます。

　しかし，グループ通算制度を適用していることによって，S2社の欠損金は，通算グループにおける他の会社の課税所得と相殺されることから，S2社の法人税は，他のグループ会社から通算税効果額を受け取ることでマイナスとなります。その結果，連結決算書の法人税分は減少することから，税金等調整前当期純利益と同様17.9％の増加となっています。

③子会社の欠損金が税負担率に与える影響

　×2年におけるS2社の欠損金の発生は，前述のように税金等調整前当期純利益と法人税が連動するため，グループ通算制度により法人税の期間比較

には影響を与えませんが，住民税および事業税の期間比較には影響を及ぼします。

　S2社に欠損金が発生すると，グループ通算制度の対象外である住民税および事業税はマイナスとはならずゼロとなり，連結決算書における「法人税，住民税及び事業税」は，S2社の住民税および事業税がマイナスしない分，小さくなりません。その結果，連結決算書における税金等調整前当期純利益が前期に比べて17.9%増加しているのに対して，「法人税，住民税及び事業税」は25.3%の増加となっています。また，このことは税負担率が35.0%から37.2%へ上昇した要因にもなっています。

④まとめ

　グループ通算制度を適用している場合，通算グループ各社の業績は，たとえ子会社が税務上の欠損であったとしても，通算グループとして課税所得が生じている場合は法人税と連動することに留意が必要です。

図表5-26　グループ通算制度の納付額と通算税効果額の推移

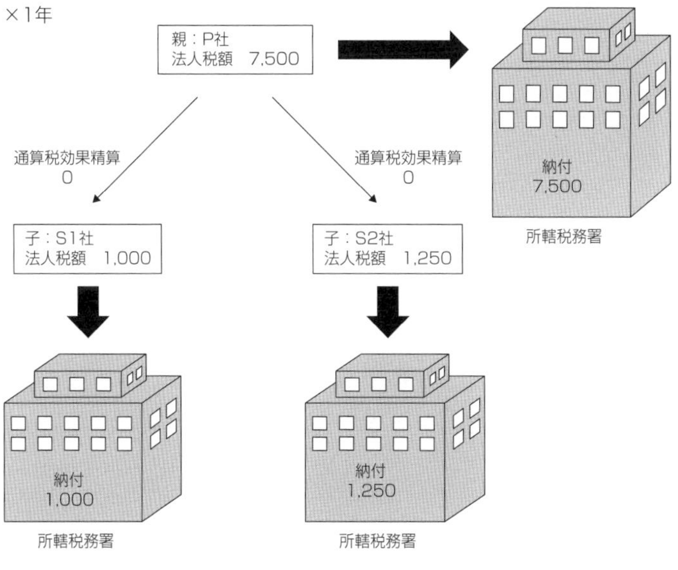

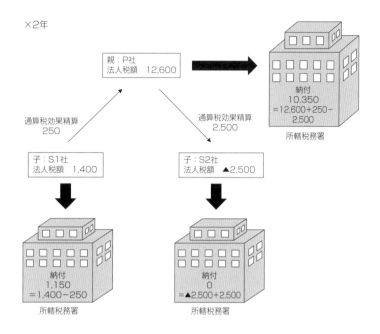

（3）親会社の個別決算書の増減分析

①通算税効果額に係る未収金

　グループ通算制度では，通算グループ各社がそれぞれ個別に法人税の額を申告納付するとともに，損益通算などで減少した法人税相当額について，グループ内で金銭等を受払いして税額に影響を与えず精算することができます。これを「通算税効果額」といいます。

　通算税効果額に係る未収金が×2年に250（＊）発生していますが，これはS2社の法人税が×2年にマイナスとなったことにより，親会社であるP社を介してS1社の通算税効果額を精算するために計上した未収金です。

　＊計算式：S1社の通算税効果額250＝S2社の欠損金2,500×（S1社の所
　　得金額5,600／（P社の所得金額50,400＋S1社の所得金額5,600））

②通算税効果額に係る未払金

　通算税効果額に係る未払金が×2年に2,500発生していますが，これは，S2社の税務上の欠損金の発生により，P社がS2社に対して通算税効果額を精算するために計上した未払金です。

3．決算書とグループ通算制度を適用した法人税申告書との整合性チェック

(1) グループ通算制度を適用した法人税申告書

　通算グループ各社の法人税申告書の主な項目は，次のようになります。

図表5-27　通算グループ各社の法人申告書

P社

項目	X2年	
①所得金額（通算前）	50,400	a
②通算対象欠損金額（損益通算）（*1）	△9,000	
③所得金額（通算後）①＋②	41,400	
④法人税額　③×税率	10,350	A

（*1）P社通算対象欠損金額の計算方法：$c \times \dfrac{a}{a+b}$

S1社

項目	X2年	
①所得金額（通算前）	5,600	b
②通算対象欠損金額（損益通算）（*2）	△1,000	
③所得金額（通算後）①＋②	4,600	
④法人税額　③×税率	1,150	B

（*2）S1社通算対象欠損金額の計算方法：$c \times \dfrac{b}{a+b}$

S2社

項目	X2年	
①欠損金額（通算前）	△10,000	C
②通算対象所得金額（損益通算）	10,000	
③欠損金額（通算後）①＋②	0	
④法人税額　③×税率	0	C

通算グループ各社の法人税額の合計（A ＋ B ＋ C）：11,500

(2) 未払法人税等との整合性

図表5-28　連結決算書数値

連結貸借対照表科目	X2年
（流動負債） 未払法人税等（法人税分）	11,500

　通算グループ各社の法人税申告書の法人税額の合計から，中間納付額（設例ではゼロ）を除いた金額は，連結貸借対照表における未払法人税等の法人税部分と一致します。一致しない場合は，次のようなことが考えられます。

①修正申告

　期末の未払法人税等の中に修正申告による未納付額が含まれている場合には，修正申告額相当額について通算グループ各社の申告書の法人税額合計から中間納付額を除いた金額と不一致が発生します。

②前期末の未納額の支払処理漏れ

　前期末の未払法人税について支払いを失念している，または，支払っているが仮払金などに計上され，未払法人税と相殺する仕訳が漏れている場合には，期末残高に前期分の法人税も含まれてしまい，通算グループ各社の申告

書の法人税額合計から中間納付額を除いた金額と未払法人税の金額は一致し
ません。

・・・・・・・・・・・・・第6節　これだけはおさえよう！・・・・・・・・・・・・・・

1．グループ通算制度における法人税の納付は，通算グループ各社がそれぞ
　　れ個別に支払うとともに，損益通算等による法人税減少相当額（通算税
　　効果額）をグループ内で益金または損金に算入せず受渡しできます。

2．グループ通算制度における法人税に影響を与える項目としては以下があ
　　ります。

・親会社または子会社における税引前当期純利益の増減

・親会社または子会社における税務調整

・子会社の欠損金が税負担率に与える影響

第6章
税効果会計の基礎と
税率差異分析

　税務調整項目には，一時差異と永久差異があり，一時差異のみが税効果会計の対象となります。そして，一時差異等が認容される時期とその時に適用される税率に留意が必要です。また，繰延税金資産を計上するには，会計基準に則した回収可能性の検討が必要です。

　法人税等負担率と法定実効税率を比較し，その差異が合理的な理由に基づくかどうかを検討することで，税金計算および税効果会計の処理が適切に行われていることを効率的にレビューする方法として，税率差異分析を説明します。

第1節　税効果会計の基礎

1．税効果会計の目的

　税効果会計は，企業会計上の資産または負債の額と課税所得計算上の資産
または負債の額に相違がある場合において，法人税その他利益に関連する金
額を課税標準とする税金の額を適切に期間配分することにより，法人税等を
控除する前の当期純利益と法人税等を合理的に対応させることを目的とする
手続です（税効果会計基準第一）。

　会計は，決算書の利用者が会社の経営成績や財政状態を正しく理解するこ
とを目的としているため，会計上の税金費用は，会社の業績を正しく反映す
るものであることが求められます。それに対して，税務では，公平な課税が
求められるため，税務上の税金費用は必ずしも会社の業績に対応したものと
なっていません。そこで，税務に基づき計算された税金費用を，会社の業績

図表6-1　会計と税務の目的と税効果会計の関係

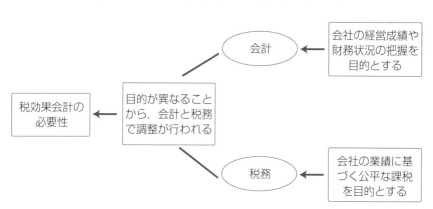

と正しく対応させるために調整することが必要となり，そのための会計上の手続が税効果会計です。

　したがって，税効果会計は，会計と税務の相違を正しく理解することが重要です。それを正しく理解し，会計上あるべき姿を把握することにより，会計の目的に沿った決算書を作成することが可能になります。

　税法に基づき計算される法人税等と会計上の税引前当期純利益を合理的に対応させるための勘定科目として，損益計算書において，「法人税等調整額」を「法人税，住民税及び事業税」に加減する形式で表示します。また，貸借対照表において，将来減額される税額，将来支払うべき税額をそれぞれ繰延税金資産，繰延税金負債として表示することになります。

図表6-2　損益計算書（抜粋）

損益計算書		
収益		10,000
費用		7,000
税引前当期純利益		3,000
法人税，住民税及び事業税	1,500	
法人税等調整額	△ 600	900
当期純利益		2,100

図表6-3　貸借対照表（抜粋）

貸借対照表			
資産の部		負債の部	
（流動資産）		（流動負債）	
		未払法人税等	1,000
		（固定負債）	
（固定資産）		繰延税金負債	100
繰延税金資産	500		
		純資産の部	

個別の貸借対照表では，繰延税金資産（固定資産）と繰延税金負債（固定負債）は相殺される。

２．税効果会計の適用による効果の設例

　税効果会計を適用することによって，税金費用と税引前当期純利益を合理的に対応させる効果について簡単な設例を用いて検討します。なお，設例においては，「法人税，住民税及び事業税」を「法人税等」と記載します。

（1）税効果会計を適用していない場合

［設例1］
・法人税等は，簡便的に法定実効税率30%で計上する。
・第×1期と第×2期の税引前当期純利益は，いずれも3,000とする。
・第×1期の費用には，損金として認められない有価証券評価損が2,000含まれている。当該有価証券を第×2期において売却した。

・第×1期の法人税等

1,500＝（税引前当期純利益3,000＋加算項目：有価証券評価損否認

2,000）×税率30％

・第×1期の税負担率

50％＝法人税等1,500÷税引前当期純利益3,000

・第×2期の法人税等

300＝（税引前当期純利益3,000－減算項目：有価証券評価損認容

2,000）×税率30％

・第×2期の税負担率

10％＝法人税等300÷税引前当期純利益3,000

図表6-4　税効果会計を適用しない場合

第×1期　損益計算書	
収益	10,000
費用	7,000
税引前当期純利益	3,000
法人税等	1,500
当期純利益	1,500

税負担率　50.0％

第×2期　損益計算書	
収益	10,000
費用	7,000
税引前当期純利益	3,000
法人税等	300
当期純利益	2,700

税負担率　10.0％

　以上のように税負担率は，第×1期が 50.0％であるのに対して，第×2期は 10 ％となりました。また，第×1期および第×2期の税引前当期純利益が同じであるにもかかわらず，それぞれの法人税等の金額は 1,500 と 300 となり大きく異なっています。このように，法人税申告書における調整項目がある場合に税効果会計を適用していないと，税引前当期純利益と法人税等が合理的に対応しないことになります。

第6章　税効果会計／税率差異分析

(2) 税効果会計を適用している場合

　税効果会計を適用している場合，次のように税引前当期純利益と法人税等を合理的に対応させることが可能になります。

[設例 2]

・法人税等は，簡便的に法定実効税率30％で計上する。

・第×1期と第×2期の税引前当期純利益は，いずれも3,000とする。

・第×1期の費用には，損金として認められない有価証券評価損が2,000含まれている。当該有価証券を第×2期において売却した。

・第×1期の法人税等

　　1,500＝（税引前当期純利益3,000＋加算項目：有価証券評価損否認
　　　　　　2,000）×税率30％

・第×1期の法人税等調整額（貸方）

　　600＝一時差異：有価証券評価損否認2,000×法定実効税率30％

・第×1期の税負担率

　　30％＝（法人税等1,500＋法人税等調整額△600）÷税引前当期純利益
　　　　　　3,000

・第×2期の法人税等

　　300＝（税引前当期純利益3,000－減算項目：有価証券評価損認容
　　　　　　2,000）×税率30％

・第×2期の法人税等調整額（借方）

　　600＝一時差異：有価証券評価損認容2,000×法定実効税率30％

・第×2期の税負担率

　　30％＝（法人税等300＋法人税等調整額600）÷税引前当期純利益
　　　　　　3,000

　「第×1期」「第×2期」…p222設例 1 コメントご参照ください。

図表6-5　税効果会計を適用する場合

第×1期　損益計算書		
収益		10,000
費用		7,000
税引前当期純利益		3,000
法人税等	1,500	
法人税等調整額	△600	900
当期純利益		2,100

税負担率　30.0%

第×2期　損益計算書		
収益		10,000
費用		7,000
税引前当期純利益		3,000
法人税等	300	
法人税等調整額	600	900
当期純利益		2,100

税負担率　30.0%

　以上のように，第×1期と第×2期において同じ税引前当期純利益に対して，同じ税金費用（法人税等＋法人税等調整額）が計上されているため，税負担率は30.0%と同じになりました。このように，税効果会計を適用している場合には，法人税申告書における調整項目があっても，税引前当期純利益と法人税等が合理的に対応することになります。

3．税効果会計の適用における法人税申告書との関係

　決算書において計上される税効果会計関連の勘定科目は，次のように法人税申告書と関係性を有しています。

[設例3]

・法人税等は，簡便的に法定実効税率30%で計上する。また，法人税以外は省略する。

・税引前当期純利益は3,000とする。

・繰延税金資産の回収可能性はあるものとする。

・費用には，損金として認められない有価証券評価損が2,000含まれている。

・法人税等

　　1,500＝（税引前当期純利益3,000＋加算項目：有価証券評価損否認
　　　　　2,000）×税率30％

・法人税等調整額

　　600＝一時差異：有価証券評価損2,000×法定実効税率30％

　税務上損金として認められない有価証券評価損は，法人税申告書において税引前当期純利益に加算して，課税所得を計算します。当該課税所得に基づき法人税額が計算され，当該金額が損益計算書に税金費用として計上され，また，有価証券評価損否認に関して繰延税金資産が計上されます。以上について決算書と法人税申告書の間には，図表6-7のような関係性があります。

図表6-6　有価証券の会計上の簿価と税務上の簿価

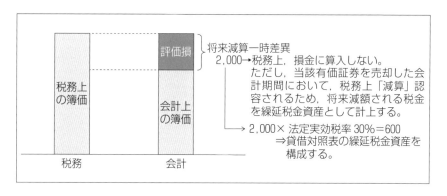

図表6-7　税効果会計の適用における法人税申告書との関係

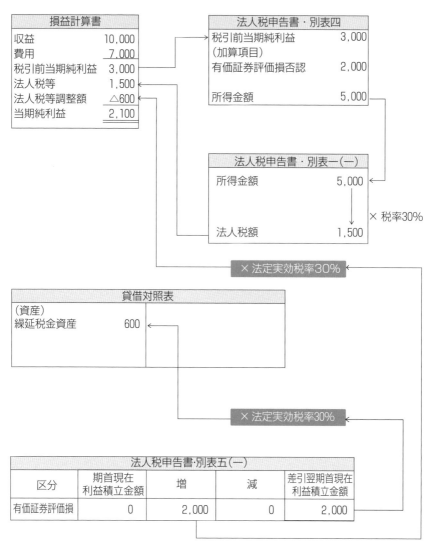

4．税効果会計の計算プロセス

税効果会計の計算は，次のプロセスで実施します。

図表6-8　税効果会計の計算プロセス

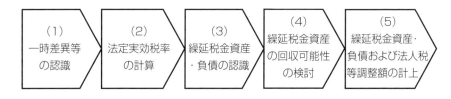

[設例4]

・法定実効税率は30％とする。

・第×1期と第×2期の税引前当期純利益はいずれも3,000とする。

・第×1期の費用には，損金として認められない有価証券評価損が2,000含まれている。当該有価証券を第×2期において売却した。

・第×1期の法人税等

　1,500＝（税引前当期純利益3,000＋加算項目：有価証券評価損否認2,000）×税率30％

・第×1期の法人税等調整額

　600＝一時差異：有価証券評価損2,000×法定実効税率30％

・第×2期の法人税等

　300＝（税引前当期純利益3,000－減算項目：有価証券評価損認容2,000）×税率30％

図表6-9　税効果会計の計算プロセス

(1)	一時差異等の認識	有価証券評価損否認2,000が将来減算一時差異として認識される。
(2)	法定実効税率の計算	前提条件から30%である。
(3)	繰延税金資産・負債の認識	将来減算一時差異2,000に法定実効税率30%を乗じて，繰延税金資産が600認識される。
(4)	繰延税金資産の回収可能性の検討	有価証券売却時に課税所得の減少を通じて第×2期の税額を減額する効果があるため，繰延税金資産の回収可能性があると判断される。
(5)	繰延税金資産・負債および法人税等調整額の計上	繰延税金資産600を第×1期の貸借対照表に計上する。また，法人税等調整額600を第×1期の損益計算書に計上する。

(1) 一時差異等の認識

　税効果会計の適用対象となる一時差異等を認識します。ここで，一時差異とは，貸借対照表に計上されている資産および負債の金額と課税所得計算上の資産および負債の金額との差額をいいます（図表6-6参照）。そして一時差異およびそれと同様に取り扱われる将来の課税所得と相殺可能な繰越欠損金等を総称して，一時差異等といいます。一時差異等は，その名称からも明らかなとおり，一時的に発生した差異ですので，将来的には差異が解消することになります。差異が解消した将来時点で，課税所得計算上減算される一時差異等を「将来減算一時差異」といい，課税所得計算上加算される一時差異等を「将来加算一時差異」といいます（税効果会計基準第二・一）。

　税務調整の対象となる項目であってもすべての項目が一時差異となる訳ではありません。例えば，交際費等の永久に損金に算入されない項目は，税務上否認されるため費用計上した期間の課税所得計算上で加算されます。しかし，翌期以降に認容されることはないため，会計と税務の差異は将来を含めて解消することはありません。解消することがない差異を「永久差異」といい，税効果会計の対象となりません。

第6章　税効果会計／税率差異分析

図表6-10　税効果会計の対象となる差異

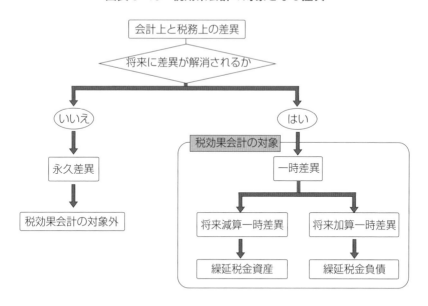

(2) 法定実効税率の計算

　税効果会計で適用する税率（以下，「法定実効税率」という）は，一時差異等が解消し，回収または支払が行われると見込まれる期の税率であり（税効果会計基準第二・二・2），決算日において国会で成立している法人税法等（法人税および地方法人税の税率が規定されている税法をいう）および地方税法等（住民税等の税率が規定されている税法をいう）に規定されている税率によります（税効果適用指針46項～49項）。

　税効果会計の適用にあたって考慮される税金は，利益に関連する金額を課税標準とする税金であり，具体的には図表6-11の税金が該当します。その結果，法定実効税率は図表6-12の算式により計算されることになります（税効果適用指針4項（11））。なお，税制が改正され，税率が変更される場合，法定実効税率も変更されることになる点には注意が必要です。

図表 6-11 税効果会計の対象となる税金

税効果会計の適用対象となる税金
　⇒「利益」に関する金額を課税標準（課税の対象）とする税金
　　　（1）法人税，地方法人税
　　　（2）住民税（均等割額を除く）
　　　（3）利益を課税標準とする事業税（所得割），特別法人事業税

図表 6-12 法定実効税率の計算

法定実効税率は，以下の計算式による。

$$\text{法定実効税率}=\frac{\text{法人税率}\times(1+\text{法人住民税率}+\text{地方法人税率})+\left(\text{事業税率}+\frac{\text{事業税}}{\text{標準税率}}\times\frac{\text{特別法人}}{\text{事業税率}}\right)}{1+(\text{事業税率}+\text{事業税標準税率}\times\text{特別法人事業税率})}$$

以下の前提を計算式にあてはめると，法定実効税率は，30.62%となる。

法人税率	23.2%
法人住民税率	10.4%
地方法人税率	10.3%
事業税(所得割)超過税率	1.18%
事業税標準税率×特別法人事業税率	1.0%×260%

(3) 繰延税金資産・負債の認識

　繰延税金資産および繰延税金負債は，それぞれ将来減算一時差異，将来加算一時差異に法定実効税率を乗じることで計算します（税効果会計基準第二・二・1，2）。

図表6-13　繰延税金資産・負債の認識

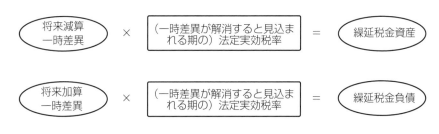

会計士 memo　【税率変更の場合の決算への反映タイミング】

　繰延税金資産・負債の金額は，回収または支払が行われると見込まれる期の税率に基づいて計算されます。そのため，税率変更が含まれた改正税法が決算日までに公布され，将来の適用税率が確定している場合には，当該税率を用いることになります。

　決算への反映は，あくまで国会での「成立日」ベースであり，「成立日」が決算日以前の場合には法定実効税率を変更することになります（税効果適用指針46項〜48項）。改正税法の公布日や改正後の税率が実際に適用されることとなる日ではありませんので留意が必要です。

(4) 繰延税金資産の回収可能性の検討

　繰延税金資産は，資産項目であるため資産性がある場合のみ計上されます。すなわち，繰延税金資産を計算する基礎となる将来減算一時差異が解消する際に，課税所得を減少させることを通じて，将来支払うべき税額が減少するという形で資金を回収できる場合のみ繰延税金資産を計上します。そして，将来に課税所得が十分に発生するかどうかは，会社の利益計画やタックスプランニング等により判断することになります（回収可能性適用指針6項）。したがって，将来の税額を減額する効果がない場合，繰延税金資産を計上することはできません（税効果会計基準第二・二・1）。

　例えば，設例4の前提条件で，第×1期の決算書を作成する時点で第×2期以降に税引前当期純利益および課税所得の計上が見込まれなかったとします。その場合，有価証券を売却し，有価証券評価損が認容される第×2期以降の税額を減少させる効果がありません。すなわち，有価証券評価損の認容減算を考慮する前段階で課税所得が発生していないため，有価証券評価損を認容減算したとしても課税所得，ひいては税額を減少させることはありません。そのため繰延税金資産を計上することはできません。

　なお，繰延税金資産の回収可能性の判断にあたっては，繰延税金資産回収可能性の例示区分に応じた取扱いによります。会社の実態に応じて，それぞれの例示区分に準じて，将来年度の課税所得を見積もることになります（回収可能性適用指針15項～32項）。

第6章　税効果会計／税率差異分析

233

図表6-14　繰延税金資産回収可能性における例示区分の概要

企業の分類		回収可能性の判断指針
1	過去（3年）および当期の全ての事業年度において，期末における将来減算一時差異を十分に上回る課税所得が生じており，かつ，当期末において，近い将来に経営環境に著しい変化が見込まれない企業	原則として，繰延税金資産の全額について回収可能性があるものとする。
2	次の要件①～③をいずれも満たす企業 ①過去（3年）および当期の全ての事業年度において，臨時的な原因により生じたものを除いた課税所得が，期末における将来減算一時差異を下回るものの，安定的に生じている ②当期末において，近い将来に経営環境に著しい変化が見込まれない ③過去（3年）および当期のいずれの事業年度においても重要な税務上の欠損金が生じていない	一時差異等のスケジューリングの結果に基づいて，それに係る繰延税金資産を見積る場合には，当該繰延税金資産は回収可能性があるものとする。
3	次の要件①～②をいずれも満たす企業 ①過去（3年）および当期において，臨時的な原因により生じたものを除いた課税所得が大きく増減している（負の値となる場合を含む） ②過去（3年）および当期のいずれの事業年度においても重要な税務上の欠損金が生じていない	将来の合理的な見積期間（おおむね5年）以内の一時差異等加減算前課税所得の見積額に基づいて，当該見積可能期間の一時差異等のスケジューリングの結果，繰延税金資産を見積る場合には，当該繰延税金資産は回収可能性があるものとする。

	企業の分類	回収可能性の判断指針
4	次の要件①～③のいずれかを満たし，かつ，翌期において一時差異等加減算前課税所得が生じることが見込まれる企業 ①過去（3年）または当期において，重要な税務上の欠損金が生じている ②過去（3年）において，重要な税務上の欠損金の繰越期限切れとなった事実がある ③当期末において，重要な税務上の欠損金の繰越期限切れが見込まれる	翌期の一時差異等加減算前課税所得の見積額に基づいて，翌期の一時差異等のスケジューリングの結果，繰延税金資産を見積る場合，当該繰延税金資産は回収可能性があるものとする。
		左記（分類4）の要件を満たした場合であっても，重要な税務上の欠損金が生じた要因，中長期計画，過去における中長期計画の達成状況，過去（3年）および当期の課税所得または税務上の欠損金の推移等を勘案して，将来において5年超にわたり一時差異等加減算前課税所得が安定的に生じることを企業が合理的な根拠をもって説明するときは（分類2）に該当する企業として取り扱う。 すなわち，一時差異等のスケジューリングの結果に基づいて，それに係る繰延税金資産を見積る場合には，当該繰延税金資産は回収可能性があるものとする。
		左記（分類4）の要件を満たした場合であっても，重要な税務上の欠損金が生じた要因，中長期計画，過去における中長期計画の達成状況，過去（3年）および当期の課税所得または税務上の欠損金の推移等を勘案して，将来においておおむね3年から5年程度は一時差異等加減算前課税所得が生じることを企業が合理的な根拠をもって説明するときは，（分類3）に該当する企業として取り扱う。 すなわち，将来の合理的な見積期間（おおむね5年）以内の一時差異等加減算前課税所得の見積額に基づいて，当該見積可能期間の一時差異等のスケジューリングの結果，繰延税金資産を見積る場合には，当該繰延税金資産は回収可能性があるものとする。
5	過去（3年）および当期の全ての事業年度において，重要な税務上の欠損金が生じており，かつ，翌期においても重要な税務上の欠損金が生じることが見込まれている企業	原則として，繰延税金資産の回収可能性はないものとする。

（回収可能性適用指針15項～31項より）

第6章　税効果会計／税率差異分析

(5) 繰延税金資産・負債および法人税等調整額の計上

　（1）から（4）の計算プロセスを経て，繰延税金資産および繰延税金負債を貸借対照表に計上します。また，繰延税金資産と繰延税金負債の差額を期首と期末で比較した増減額を，法人税等調整額として損益計算書に計上します。

　ただし，資産の評価替え等により生じた評価差額が直接資本の部に計上される場合（例えば，その他有価証券評価差額金など）には，当該評価差額に係る繰延税金資産または繰延税金負債を当該評価差額から控除して計上することになります。そのため，評価差額等に係る繰延税金資産と繰延税金負債の増減は，法人税等調整額の計算から除外する必要があります（税効果会計基準第二・二・3）。

チェックリスト

　税効果会計と税率差異分析のレビューにあたり，事前に知っておくと効果的な情報に関する事項と，税務レビューのために直接的に必要な事項についてまとめると，次のとおりです。

No.	チェック項目	確認
1	税効果会計に係る会計処理に関する根拠資料を，担当者から入手したか。	
2	経理規程・マニュアル等の閲覧により，税効果会計に関して採用している会計方針を理解したか。	
3	税効果会計に関する会計方針について，変更の有無を確認したか。変更がある場合には内容を把握したか。	
4	税務当局との重要な見解の相違があるか。該当がある場合には会計処理上の対応を検討したか。	
5	法定実効税率は，決算日現在における税法の規定に基づく税率に基づいて計算しているか。	
6	繰延税金資産の回収可能性は，繰延税金資産回収可能性の例示区分に応じた取扱いにより検討していることを確かめたか。	
7 ☆	税率差異分析において，税率差異の要因を網羅的に把握しているか。また，その内容が合理的であることを確かめたか。	
8	法人税申告書の別表五（一）等をもとに，税効果会計の対象となる一時差異等が網羅的に識別していることを確かめたか。	

☆：各節末に記載の「これだけはおさえよう！」に対応している。

第2節　法定実効税率と法人税等負担率の差異分析

1．法人税等負担率

　法人税等負担率とは，税引前当期純利益に対する税金費用（「法人税，住民税及び事業税」と「法人税等調整額」などの合計）の比率をいいます。

2．税率差異分析の必要性

　税効果会計は，法人税等を控除する前の税引前当期純利益と税務に基づき計算される法人税等を合理的に対応させることを目的とする手続であることから，原則として法人税等負担率は，法定実効税率に近似することが想定されます。実務上はさまざまな要因のため，法人税等負担率と法定実効税率は近似しない場合が多いですが，その差異が合理的な理由に基づくかどうかを分析することは，税金計算および税効果会計の処理が適切に行われていることを確認する上で効果的な方法です。

3．税率差異の注記事項

　決算書および連結決算書において，この法人税等負担率と法定実効税率との間に重要な差異があるときは，当該差異の原因となった主要な項目別の内訳を注記事項として開示することが求められます（税効果会計基準第四）。

図表 6 -15　税率差異の注記例

法定実効税率	30.6%
（調整）	
交際費等の永久に損金算入が認められない項目	10.2%
受取配当金等の永久に益金算入が認められない項目	△5.1%
住民税均等割	3.3%
試験研究費等の税額控除	△10.0%
評価性引当額の増減	13.4%
税効果会計適用後の法人税等の負担率	42.4%

4．税率差異分析の方法とレビューにあたってのポイント

税率差異分析は，図表 6 -16の手順に基づいて実施されます。

図表 6 -16　税率差異分析の手順

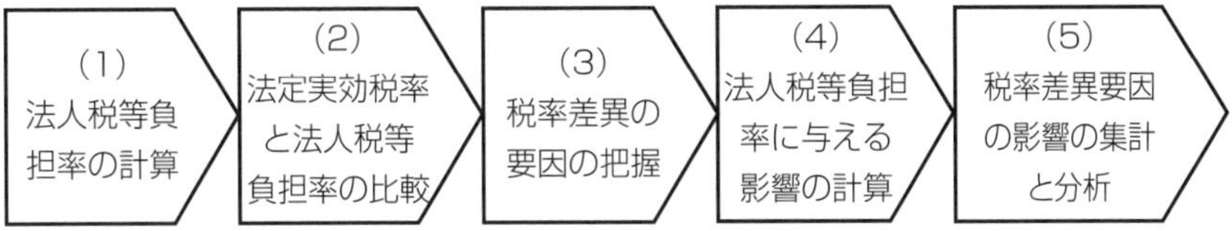

(1) 法人税等負担率の計算 → (2) 法定実効税率と法人税等負担率の比較 → (3) 税率差異の要因の把握 → (4) 法人税等負担率に与える影響の計算 → (5) 税率差異要因の影響の集計と分析

第6章　税効果会計／税率差異分析

(1) 法人税等負担率の計算

　損益計算書に計上した税引前当期純利益と税金費用によって，法人税等負担率を計算します。計算式は図表6-17のようになります。

図表6-17　法人税等負担率の計算式

$$\text{法人税等負担率} = \frac{\text{「法人税，住民税及び事業税」} \pm \text{「法人税等調整額」}}{\text{税引前当期純利益}}$$

　なお，追徴税額や還付税額を計上した場合にも，それらを分子に含めて分析対象にすることで網羅的な検討が可能であると考えられます。

(2) 法定実効税率と法人税等負担率の比較

　税効果会計の計算に適用された法定実効税率（図表6-12参照）と法人税等負担率を比較し，税率差異を計算します。

会計士 memo　【税率差異分析における法定実効税率】

　繰延税金資産・負債の計算において用いる法定実効税率は，一時差異等が解消すると見込まれる期の税率を用います（税効果会計基準第二・二・2）。そのため，将来の適用税率が会計期間によって異なる場合には，一時差異等が解消すると見込まれる期に応じて，異なる法定実効税率を用いることになります。

　一方，税率差異分析は法定実効税率と法人税等負担率を比較し，その差異の要因を明らかにする分析です。したがって，税率差異分析において法人税等負担率と比較される法定実効税率は，決算日時点の税金計算に適用されている税率に基づいて計算します。そして，異なる将来の適用税率との差異は，調整項目の中に含めて分析します。

---

(3) 税率差異の要因の把握

税率差異が発生する要因を把握します。ここでは，税率差異の要因を網羅的に把握することが重要ですので，次のような類型に分類すると整理しやすくなります。

①永久差異に関する項目（交際費等の損金不算入額，受取配当金の益金不算入額など）

②課税所得と直接関連しない要因に基づき税額を増減させる項目（住民税均等割，税額控除など）

③その他（評価性引当額の増減，税率変更による繰延税金資産の減額修正など）

④連結決算書作成過程における固有の要因

なお，詳細は「5．税率差異の具体例」をご参照ください。

(4) 法人税等負担率に与える影響の計算

（3）で把握した各要因について，法人税等負担率に与える影響を計算します。計算式は次のようになります。

図表6-18　法人税等負担率に与える影響

（税率差異項目が税額である場合）

$$影響(\%) = \frac{税率差異項目の金額}{税引前当期純利益}$$

（税率差異項目が永久差異や評価性引当額である場合）

$$影響(\%) = \frac{税率差異項目の金額 \times 法定実効税率}{税引前当期純利益}$$

図表6-18のように，分子に計上される項目のうち，住民税均等割などは税額であるためそのまま計算し，交際費などの永久差異は法定実効税率を乗じて税額にしてから計算することに留意が必要です。

(5) 税率差異要因の影響の集計と分析

　(4)で計算された税率差異要因の法人税等負担率に与える影響を集計し，税率差異と比較して，図表6-29のような分析シートを作成し，レビューします。

　その結果，分析しきれていない税率差異が多い場合は，原因として(3)税率差異の要因の把握，(4)法人税等負担率に与える影響の計算，(5)税率差異要因の影響の集計を誤ったことや，会計上の税金費用の処理を誤ったことが考えられますので，これらの内容を再度見直します。分析しきれない税率差異の原因と考えられる確認手順をまとめると，次のようになります。

図表6-19　税率差異の要因の集計と分析

原因	考えられる確認項目の例示
税率差異の要因の把握誤り	永久差異項目（交際費など）は網羅的に把握しているか。
	一時差異項目であるべき差異を，永久差異項目として取り扱っている項目はないか。
	利益に関連しない要因に基づき税額を増減させる項目（税額控除など）は網羅的に把握しているか。
	課税所得計算・税額計算に影響せずに法人税等調整額を増減させる項目（回収可能性の見直しによる繰延税金資産の増減など）は，網羅的に把握しているか。
	将来に税率変更が予定されていないか。
法人税等負担率に与える影響の計算誤り	各差異要因が法人税等負担率へ与える影響は，正確に計算しているか。
税率差異の集計誤り	把握した税率差異要因は，すべて集計しているか。
会計上の税金費用の処理誤り	法人税，住民税及び事業税や法人税等調整額は正確に計算しているか。

5．税率差異の具体例

　税率差異が発生する主な税金調整項目について検討します。

(1) 交際費等永久に損金に算入されない項目

　交際費等の永久に損金に算入されない項目は，法人税申告書別表四において加算調整されますが，将来において減算調整されることはありません。そのため，法人税等調整額が計上されないことから，当該会計期間の法人税等負担率は法定実効税率を上回ることになります。

> 【前提条件】
> ・法定実効税率は30％，税引前当期純利益は3,000とする。
> ・費用には，損金として認められない交際費1,000が含まれている。
> ・法人税，住民税及び事業税
> 　1,200＝（税引前当期純利益3,000＋交際費等否認1,000）×税率30％

図表6-20　税率差異分析・ケース1（交際費等）

・損益計算書

税引前当期純利益(A)	3,000
法人税，住民税及び事業税(B)	1,200
法人税等調整額(C)	0
法人税等合計(D)：(B)+(C)	1,200
当期純利益(E)：(A)－(D)	1,800

法人税等負担率(F)：(D)÷(A)	(1)	40.0%
法定実効税率(G)	(2)	30.0%
差分(F)－(G)		10.0%

項目	課税所得計算に与える影響(X)	法人税等負担額に与える影響(Y) (X)×法定実効税率	法人税等負担額に与える影響(Z) (Y)÷税引前当期純利益
交際費等否認　(3)	1,000	300	(4)　10.0%

(5)

上記(1)から(5)は，第2節4．税率差異分析の方法とレビューにあたってのポイントに記載の手順の番号を記載している

(2) 受取配当金等永久に益金に算入されない項目

　受取配当金等の永久に益金に算入されない項目は，法人税申告書別表四において減算調整されますが，将来において加算調整されることはありません。そのため，減算調整した会計期間では，会計上の利益に対して，税務上の課税所得が下回り，税金費用が減る結果，当該会計期間の法人税等負担率は法定実効税率を下回ることになります。

【前提条件】

・法定実効税率および税引前当期純利益は（1）の前提条件と同じ。

・収益には，益金に算入されない受取配当金500が含まれている。

・法人税，住民税及び事業税

　　750＝（税引前当期純利益3,000－減算項目：受取配当金等の益金不算
　　　　　入額500）×税率30%

図表6-21　税率差異分析・ケース2（受取配当金）

・損益計算書

税引前当期純利益 (A)	3,000
法人税，住民税及び事業税 (B)	750
法人税等調整額 (C)	0
法人税等合計 (D)：(B)+(C)	750
当期純利益 (E)：(A)－(D)	2,250

法人税等負担率 (F)：(D)÷(A)	(1)	25.0%
法定実効税率 (G)	(2)	30.0%
差分 (F)－(G)		△5.0%

項目		課税所得計算に与える影響(X)	法人税等負担額に与える影響(Y)　(X)×法定実効税率	法人税等負担額に与える影響(Z)　(Y)÷税引前当期純利益
受取配当金等永久に益金に算入されない項目	(3)	△500	△150	(4) △5.0%

(5)

上記 (1) から (5) は，第2節4．税率差異分析の方法とレビューにあたってのポイントに記載の手順の番号を記載している。

(3) 住民税均等割

　住民税均等割は，損益計算書上，「法人税，住民税及び事業税」に計上しますが，利益に関連する金額を課税標準とする税金ではなく，損金に算入されることはありません。その結果，法人税等負担率は法定実効税率を上回ることになります。

【前提条件】

・法定実効税率および税引前当期純利益は（1）の前提条件と同じ。

・住民税には，利益に関連する金額を課税標準とする税金ではない住民税均等割100が含まれている。

・法人税，住民税及び事業税

　1,000 ＝ 税引前当期純利益3,000×税率30％ ＋ 住民税均等割100

図表6-22　税率差異分析・ケース3（住民税均等割）

・損益計算書

税引前当期純利益(A)	3,000
法人税，住民税及び事業税(B)	1,000
法人税等調整額(C)	0
法人税等合計(D)：(B)+(C)	1,000
当期純利益(E)：(A)－(D)	2,000

法人税等負担率(F)：(D)÷(A)	①	33.3％
法定実効税率(G)	②	30.0％
差分(F)－(G)		3.3％

項目	課税所得計算に与える影響(X)	法人税等負担額に与える影響(Y) (X)×法定実効税率	法人税等負担額に与える影響(Z) (Y)÷税引前当期純利益	⑤
住民税均等割　　③		100	④　3.3％	

上記(1)から(5)は，第2節4.税率差異分析の方法とレビューにあたってのポイントに記載の手順の番号を記載している。

(4) 税額控除

　試験研究費等の税額控除は，税務上で計算された法人税額等の金額から控除されます。そのため，税額控除を受けた会計期間において，税金費用が減額しますので，法人税等負担率が法定実効税率を下回ることになります。

【前提条件】

・法定実効税率および税引前当期純利益は（1）の前提条件と同じ。

・法人税から試験研究費等に関する税額300が控除されている。

・法人税，住民税及び事業税

　600＝税引前当期純利益3,000×税率30％－税額控除300

図表6-23　税率差異分析・ケース4 （税額控除）

・損益計算書

税引前当期純利益(A)	3,000
法人税，住民税及び事業税(B)	600
法人税等調整額(C)	0
法人税等合計(D)：(B)+(C)	600
当期純利益(E)：(A)−(D)	2,400

法人税等負担率(F)：(D)÷(A)	(1)	20.0%
法定実効税率(G)	(2)	30.0%
差分(F)−(G)		△10.0%

項目	課税所得計算に与える影響(X)	法人税等負担額に与える影響(Y)　(X)×法定実効税率	法人税等負担額に与える影響(Z)　(Y)÷税引前当期純利益
試験研究費等の税額控除　(3)		△300	(4) △10.0%

上記(1)から(5)は，第2節4．税率差異分析の方法とレビューにあたってのポイントに記載の手順の番号を記載している。

(5) 評価性引当額の増減

　繰延税金資産または繰延税金負債は，将来の会計期間において回収または支払が見込まれない税金の額を除いて計上することが求められます。なお，繰延税金資産における将来の回収の見込みについては，毎期見直しを行う必要があります（税効果会計基準第二・二・1）。

　したがって，見直しを行った結果，繰延税金資産の回収可能性がなく減額する場合，当該減額分を法人税等調整額として会計処理することになりますが，課税所得および「法人税，住民税及び事業税」の金額には影響ありません。そのため，法人税等負担率が法定実効税率を上回ることになります。なお，見直しを行った結果，繰延税金資産を増額する場合は，法人税等負担率が，法定実効税率を下回ることになります。

【前提条件】

・法定実効税率および税引前当期純利益は（1）の前提条件と同じ。

・前期末において計上していた繰延税金資産400について，回収可能性がないと判断されたため，当期末において取り崩した。

・法人税，住民税及び事業税

　900＝税引前当期純利益3,000×税率30％

・法人税等調整額（借方）400

図表6-24　税率差異分析・ケース5（評価性引当額）

・損益計算書

税引前当期純利益(A)	3,000
法人税，住民税及び事業税(B)	900
法人税等調整額(C)	400
法人税等合計(D)：(B)+(C)	1,300
当期純利益(E)：(A)−(D)	1,700

法人税等負担率(F)：(D)÷(A)	(1)	43.3%
法定実効税率(G)	(2)	30.0%
差分(F)−(G)		13.3%

項目	課税所得計算に与える影響(X)	法人税等負担額に与える影響(Y) (X)×法定実効税率	法人税等負担額に与える影響(Z) (Y)÷税引前当期純利益	
評価性引当額（※）の増減　(3)		400	(4)　13.3%	(5)

（※）繰延税金資産のうち，回収可能性がないとして計上されない金額
上記(1)から(5)は，第2節4．税率差異分析の方法とレビューにあたってのポイントに記載
の手順の番号を記載している。

(6) 税率変更による期末繰延税金資産の減額修正

　税効果会計で適用する税率は，決算日現在における税法規定に基づく税率によります。したがって，改正税法が当該決算日までに成立しており，将来の税率改正が確定している場合は改正後の税率を適用することになります（税効果適用指針46～49項）。そのため，会計期間中に改正税法が成立して，翌期以降の税率に変更があったことにより，繰延税金資産および繰延税金負債の金額を修正した場合には，修正差額を法人税等調整額に加減して処理することになります。その結果，税率の引き下げにより繰延税金資産の金額を減額修正し，修正差額を借方の法人税等調整額として計上する場合，法人税等負担率が，法定実効税率を上回ることになります。

【前提条件】
・法定実効税率および税引前当期純利益は（1）の前提条件と同じ。
・期中に改正税法が公布され，翌期以降の税率が25％に引き下げられた。
・前期末において計上していた繰延税金資産300について，税率が25％に引き下げられたため，当期末において50取り崩した。
・法人税，住民税及び事業税
　900＝税引前当期純利益3,000×税率30％
・法人税等調整額（借方）
　50＝繰延税金資産300÷30％×（30％－25％）

図表6-25　税率差異分析・ケース6（税率変更）

・損益計算書

税引前当期純利益(A)	3,000
法人税，住民税及び事業税(B)	900
法人税等調整額(C)	50
法人税等合計(D)：(B)+(C)	950
当期純利益(E)：(A)-(D)	2,050

法人税等負担率(F)：(D)÷(A)	(1)	31.7%
法定実効税率(G)	(2)	30.0%
差分(F)-(G)		1.7%

項目	課税所得計算に与える影響(X)	法人税等負担額に与える影響(Y) (X)×法定実効税率	法人税等負担額に与える影響(Z) (Y)÷税引前当期純利益
税率変更による繰延税金資産の減額修正　(3)		50	(4)　1.7%

(5)

上記(1)から(5)は，第2節4．税率差異分析の方法とレビューにあたってのポイントに記載の手順の番号を記載している。

(7) その他の主な税金調整項目

　税率差異が発生する，その他の主な税金調整項目をまとめると，次のようになります。

図表6-26　税率差異の原因となる主な税務調整項目

区分	項目	影響（※）
永久差異に関する項目（主として法人税申告書・別表四で調整される項目）	交際費等の損金不算入額	＋
	寄附金の損金不算入額	＋
	役員賞与の損金不算入額	＋
	受贈益の益金不算入額	－
	受取配当金の益金不算入額	－
	外国受取配当金の益金不算入額	－
	抱合せ株式消滅差損	＋
	抱合せ株式消滅差益	－
	のれん償却額	＋
	加算税，延滞税，過怠税	＋
課税所得と直接関係しない税額増減項目	住民税均等割	＋
	試験研究費の特別控除	－
	特定外国子会社留保金課税	＋
	外国子会社配当金に係る外国源泉所得税	＋
その他	評価性引当額の増加	＋
	評価性引当額の減少	－
	税率変更による繰延税金資産の取崩（税率引下時）	＋
	税率変更による繰延税金資産の積増（税率引上時）	－
	繰越欠損金の期限切れによる影響	＋
連結固有の要因	連結子会社との適用税率の差異	±
	在外子会社等の留保利益の増減	±
	持分法による投資利益	－
	持分法による投資損失	＋
	税効果を認識していない未実現損益の連結消去	±
	連結子会社からの受取配当金の連結消去	＋

（※）　法定実効税率に対して，法人税等負担率を増加させる項目を＋，減少させる項目を－，いずれの場合も想定される項目については±として表示している。

第6章　税効果会計／税率差異分析

6．税率差異分析の設例

【前提条件】

・法人税率23.2％，地方法人税率10.3％，住民税（法人税割）10.4％，事業税率（所得割，なお特別法人事業税を含む）3.78％とする。

・税引前当期純利益は3,000とする。

・費用に，損金として認められない交際費1,000が含まれている。

・当期の費用に損金として認められない棚卸資産評価損800が含まれている。また，前期に費用計上した棚卸資産評価損300が，当期に認容されている。

・収益に，益金に算入されない受取配当金500が含まれている。

・住民税に，均等割100が含まれている。

・法人税は，試験研究費等に関する税額300が控除されている。

・前期末において計上していた繰延税金資産400について，回収可能性がないと判断されたため，当期末において取り崩した。

・上記の棚卸資産評価損および期末の未払事業税に関する繰延税金資産は，いずれも回収可能性があると判断された。

図表 6 -27　設例に基づく法人税申告書・別表

法人税申告書・別表四

税引前当期純利益（A）	3,000
（加算項目）	
交際費等の永久に損金算入が認められない項目	1,000
棚卸資産評価損否認	800
加算項目合計	1,800
（減算項目）	
受取配当金等の永久に益金算入が認められない項目	500
棚卸資産評価損認容	300
減算項目合計	800
課税所得	4,000

法人税申告書・別表一（一）

課税所得	4,000
法人税額	928
法人税額特別控除額（試験研究費控除）	300
差引法人税額	628
法人税額計	628
控除税額	0
差引所得に対する法人税額	628

図表 6 -28　設例に基づく損益計算書

損益計算書

収益	10,000
費用	7,000
税引前当期純利益（A）	3,000
法人税，住民税及び事業税（B）	1,071
法人税等調整額（C）	201
法人税等合計（D）:（B）＋（C）	1,272
当期純利益（E）:（A）－（D）	1,728

(1) 法定実効税率の計算

法定実効税率は次のように計算します。

$$法定実効税率 = \frac{23.2\% \times (1 + 10.3\% + 10.4\%) + 3.78\%}{1 + 3.78\%} = 30.62\%$$

(2) 税金計算

前提条件に基づき税金計算を行うと，次のようになります。

- 法人税628 ＝課税所得4,000×23.2％－300
- 地方法人税95.5 ＝課税所得4,000×23.2％×10.3％
- 住民税（法人税割）96.5 ＝928（課税所得4,000×23.2％）×10.4％
- 事業税（所得割）151 ＝課税所得4,000×3.78％
- 法人税，住民税及び事業税1,071 ＝法人税628＋地方法人税率95.5＋住民税（法人税割）96.5＋住民税（均等割）100＋事業税（所得割）151
- 法人税等調整額201 ＝前期末・繰延税金資産の取崩400－棚卸資産評価損に係る繰延税金資産の増加153（（800－300）×30.62％）－未払事業税に係る繰延税金資産の増加46（151×30.62％）

(3) 税率差異分析

税金の計算結果に基づく税率差異要因の集計と分析は，次のとおり実施されます。法人税等負担率（F）と法定実効税率（G）は一致していませんが，両者の差異が分析表の5つの要因に基づき発生していたことがわかり，税金計算は正しく行われていたことが確かめられます。

図表6-29　設例に基づく税率差異分析

法人税等負担率(F)：(D)÷(A) 法定実効税率(G)	(1)　42.4% (2)　30.6%
差分(F)－(G)	11.8%

項目		課税所得計算に与える影響(X)	法人税等負担額に与える影響(Y) (X)×法定実効税率		法人税等負担額に与える影響(Z) (Y)÷税引前当期純利益	
交際費等の永久に損金算入が認められない項目		1,000	306		10.2%	(5)
受取配当金等の永久に益金算入が認められない項目		△500	△153		△5.1%	
住民税均等割	(3)		100	(4)	3.3%	
試験研究費等の税額控除			△300		△10.0%	
評価性引当額の増減（※）			400		13.4%	
合計					11.8%	

（※）繰延税金資産のうち，回収可能性がないとして計上されない金額
上記(1)から(5)は，第2節4．税率差異分析の方法とレビューにあたってのポイントに記載の手順の番号を記載している。

第2節　これだけはおさえよう！

1．法人税等負担率と法定実効税率を比較し，税率差異が合理的な理由に基づくかどうかをレビューすることで，税金計算および税効果会計の処理が適切に行われていることを効率的に確認できます。

2．税率差異が合理的な理由に基づくかどうかを判断するにあたっては，税率差異の要因を網羅的に把握することが重要です。

3．税率差異の内容は，決算書および連結決算書の注記事項として開示されます。

参考文献一覧

書籍名	著者	出版社	発刊日
図解でざっくり会計シリーズ 1　税効果会計のしくみ（第 3 版）	EY 新日本有限責任監査法人／編	中央経済社	2022年 2 月
仕訳処理完全ガイド	新日本有限責任監査法人／編	第一法規	2011年 1 月
令和 4 年度版　税務インデックス	税務研究会／編	税務研究会出版局	2022年 6 月
2022年度版 会計税務便覧	日本公認会計士協会東京会 / 編	清文社	2022年 8 月
令和 4 年度版　税務ハンドブック	杉田宗久	コントロール社	2022年 6 月
令和 4 年版　法人税申告書の作り方	監修 / 宮口定雄　著者 / 佐藤裕之・前川武政・西川晃平	清文社	2022年10月
最新版　法人税申告書の書き方がわかる本	小谷羊太	日本実業出版社	2020年 8 月
令和 3 年度　STEP 式法人税申告書と決算書の作成手順	監修 / 杉田宗久　著者 / 岡野敏明	清文社	2021年 8 月
法人税申告書の最終チェック令和 4 年 5 月申告以降対応版	齊藤一昭	中央経済社	2022年 3 月
法人住民税のしくみと実務[七訂版]	吉川宏延	税務経理協会	2021年 3 月
税効果会計における「税率差異」の実務（第 2 版）	中島努・中島礼子	中央経済社	2014年10月

索　引

257

258

著者紹介

◆監修・編集・レビュー◆

菅野　貴弘（すがの　たかひろ）
公認会計士　パートナー

監査法人に入所以来，自動車，食品，情報・通信などの上場企業の会計監査に従事。主な著書（共著）として，『図解＆設例 原価計算の本質と実務がわかる本』（中央経済社），『図解＆設例 会計・財務の本質と実務がわかる本』（中央経済社），『業種，組織形態等に特有な会計と税務』（税務経理協会）など。

◆編集・執筆・レビュー◆

高野　昭二（こうの　しょうじ）
公認会計士　高野昭二公認会計士事務所代表，上場企業社外監査役

製造業の上場会社等を経た後，公認会計士資格を取得，大手監査法人にて会計監査に従事。現在，個人事務所を開設，上場企業2社の社外監査役。主な著書（共著）として，『棚卸資産の管理実務』（第一法規），『事例でわかる経営戦略成功のカギ　経営判断に役立つガイドブック』（同文舘出版）など。

◆執筆者◆

鎌田　善之（かまた　よしゆき）
公認会計士　シニアマネージャー

監査法人に入所以来，総合商社，テクノロジー，化学，素材などの上場企業の会計監査に従事。監査以外にも，IFRS導入支援業務，IPO支援業務などの経験を有する。主な著書（共著）として，『会社法決算書の読み方・作り方』（中央経済社），『図解でスッキリ ソフトウェアの会計・税務入門』（中央経済社），『事例でわかる経営戦略成功のカギ　経営判断に役立つガイドブック』（同文舘出版）など。

宗像　峻（むなかた　しゅん）
公認会計士　マネージャー

監査法人に入所以来，食品メーカー，食品卸，人材派遣，建設，物流などの上場企業の会計監査に従事。監査以外にも，JSOX導入支援業務，財務デューデリジェンス業務，IFRS導入支援業務，IPO支援業務，収益認識基準導入支援業務，コンフォートレター業務などの経験を有する。

安田　恒星（やすだ　こうせい）
公認会計士　マネージャー

監査法人に入所以来，主に総合商社，化学メーカーなどの上場企業の会計監査に従事。監査以外にも，収益認識基準導入支援業務，IFRSの企業向けセミナー講師などの経験を有する。

吉田　由介（よしだ　ゆうすけ）
公認会計士　シニア

監査法人に入所以来，電力，物流，メディアのほか，パブリックセクター業務として学校法人や一般財団法人などの会計監査に従事。監査以外にも，IPO支援業務などの経験を有する。

EY | Building a better working world

EY 新日本有限責任監査法人について
EY 新日本有限責任監査法人は，EY の日本におけるメンバーファームであり，監査および保証業務を中心に，アドバイザリーサービスなどを提供しています。
詳しくは ey.com/ja_jp/people/ey-shinnihon-llc をご覧ください。

EY は，「Building a better working world〜より良い社会の構築を目指して」をパーパス（存在意義）としています。クライアント，人々，そして社会のために長期的価値を創出し，資本市場における信頼の構築に貢献します。
150カ国以上に展開する EY のチームは，データとテクノロジーの実現により信頼を提供し，クライアントの成長，変革および事業を支援します。
アシュアランス，コンサルティング，法務，ストラテジー，税務およびトランザクションの全サービスを通して，世界が直面する複雑な問題に対し優れた課題提起（better question）をすることで，新たな解決策を導きます。
EY とは，アーンスト・アンド・ヤング・グローバル・リミテッドのグローバルネットワークであり，単体，もしくは複数のメンバーファームを指し，各メンバーファームは法的に独立した組織です。アーンスト・アンド・ヤング・グローバル・リミテッドは，英国の保証有限責任会社であり，顧客サービスは提供していません。EY による個人情報の取得・利用の方法や，データ保護に関する法令により個人情報の主体が有する権利については，ey.com/privacy をご確認ください。EY のメンバーファームは，現地の法令により禁止されている場合，法務サービスを提供することはありません。EY について詳しくは，ey.com をご覧ください。

2014 年 3 月 30 日　初版発行
2023 年 3 月 25 日　第 2 版発行
2023 年 4 月 20 日　第 2 版 2 刷発行　　　　略称：税金科目レビュー (2)

ここがポイント！
決算書の税金科目クイックレビュー（第 2 版）

編　者	EY新日本有限責任監査法人
発行者	中　島　豊　彦

発行所　**同文舘出版株式会社**

東京都千代田区神田神保町 1-41　〒101-0051
電話 営業(03)3294-1801　編集(03)3294-1803
振替 00100-8-42935
http://www.dobunkan.co.jp

© 2023 Ernst & Young ShinNihon LLC.　　　製版・印刷・製本：藤原印刷
All Rights Reserved.　　　　　　　　　　　装丁：志岐デザイン事務所
Printed in Japan 2023

ISBN978-4-495-19992-0

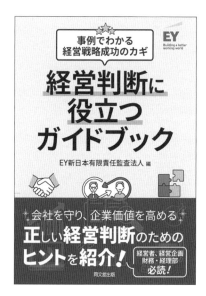
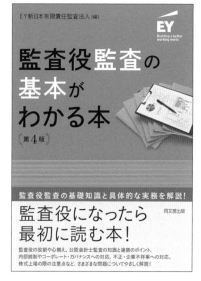